Aquest llibre
es una ronica "guarillo".
Bueno, recorda que es d'una
bona amiga.

AF890130

Molts petons y que siguis feliç.
D'una amiga que t'estima.

Ojo no pensis malament, ¡eh!
despres de llegir el llibre, "marranota".

2-06-94

La sonrisa vertical

Colección de Erótica dirigida
por Luis G. Berlanga

Manuel Hidalgo

El pecador impecable

TUSQUETS EDITORES

1.ª edición: abril 1986
2.ª edición: junio 1986
3.ª edición: octubre 1987
4.ª edición: junio 1989

Diseño de la colección: Clotet-Tusquets
Diseño de la cubierta: MBM

Tusquets Editores, S.A. - Iradier, 24, bajos - 08017 Barcelona
ISBN: 84-7223-352-9
Depósito legal: B. 23.910-1989
Fotocomposición: Citex, S.A. -
Clos de San Francesc, 3-5 - Barcelona
Libergraf, S.A. - Constitución, 19 - 08014 Barcelona
Impreso en España

Indice

P. 11 Espiando en la capilla
21 Un señor gordísimo
37 En la alcoba
43 Valeria se porta mal
49 La dama del impermeable transparente
61 El domingo del coleccionista
79 El incidente
97 Misteriosa cita en el parque
111 Bailando un fox
127 Como un león enjaulado
135 La visita
151 Las amazonas
165 «Camas Maruja»
175 Un día muy especial

La ternura es la verdadera postura moral.
Roberto Rossellini

Espiando en la capilla

La señora se iba en lágrimas. Había sacado de la manga un pañuelito blanco, ribeteado finamente con hilo rosa, bordado de florecitas, y no cesaba de sonarse las narices y de secarse los rabillos de los ojos. Mantenía la cabeza humillada y, a menudo, reclinaba su rostro en los hombros de Honorio, que palmeaba suavemente su espalda.

—Vamos, vamos, doña Eugenia, vamos —le animaba él.

Y ella continuaba llorando sin parar, respondiendo a los consuelos de Honorio con nuevos hipidos y mayor sofoco. El la tomó del brazo, puso en sus manos el monedero que ella había depositado en el mostrador y trató de conducirla hacia la puerta de la tienda.

Doña Eugenia se detuvo, se volvió hacia Honorio y le besó varias veces en la cara.

—¡Le estoy tan reconocida!

—No hay de qué, doña Eugenia, no hay de qué.

—¡Tan reconocida!

—Uno hace lo que debe.

—Usted, más. Usted es un santo, Honorio.

—Exagera.

—Se lo digo yo, se lo digo yo.

Honorio abrió la puerta del establecimiento, y sonó la campanita. Doña Eugenia salió a la calle y, algo más tranquila, guardó su moquero.

—¿Quiere que la acompañe hasta su casa? —se ofreció Honorio.

—No se moleste, iré dando un paseo.

La señora miró a Honorio con dulzor, volvió a darle las gracias y se alejó sin prisas. El aguardó unos instantes, hasta comprobar que doña Eugenia llegaba a la esquina, y entonces ella se dio la vuelta y le hizo un gesto casi imperceptible de adiós con la mano derecha. Honorio entró en la zapatería.

Pasaban de las ocho. Tenía que haber recogido y cerrado ya el comercio. La imprevista llegada de doña Eugenia había retrasado a Honorio. Con prontitud comenzó a ordenarlo todo. Fue metiendo en sus cajas los zapatos desperdigados junto a las sillas de probar y los llevó a la parte trasera, apilándolos, por números y modelos, en sus lugares correspondientes. Retiró dos o tres calzadores a los cajones del mostrador y guardó las plantillas en su sitio.

En ocasiones, al agacharse, Honorio se dolía de un pequeño pinchazo a la altura de los riñones. Su salud era excelente para su edad, pero notaba el cansancio más que antes. Había tratado de calcular lo mucho que andaba, al cabo del día, trayendo y llevando el género desde el almacén a la tienda, bajando y subiendo por la escalerilla de madera que le permitía alcanzar las cajas más altas, arrodillándose e incorporándose para calzar los zapatos a sus clientes y observar cómo le quedaban. Era, no cabía duda, un buen ejercicio.

Honorio se quitó el guardapolvo gris y fue a colocarlo en una percha. Se lavó las manos en el diminuto servicio y se arregló el cabello ante el espejo. La calvicie acosaba desde las sienes con sendas lengüetas estancadas en su avance. Su pelo, todavía oscuro, clareaba en un sembrado de canas por las patillas, pero aún lo tenía menos blanco que otra gente de sus años.

Guardó los recibos del día, sacó el dinero de la registradora y lo dejó en un bolso de mano en el que también llevaba una barra de pan, un par de lechugas francesas, algo de jamón york, una botella de leche y media docena de huevos. Ya haría cuentas, en casa, por la noche.

Se enfundó el gabán, apagó las luces y cerró con llave la zapatería, un negocio familiar, heredado de su padre, que daba para ir tirando sin lujos ni expansiones. Como siempre, ya en la acera, dio tres pasos hacia atrás y observó la leyenda pintada en la portada del comercio: «Calzados Sigüenza». Eso, en letras grandes. Y debajo: «Calidad, comodidad, buen servicio y mejor precio». Cada día, al marcharse, leía ese cartel. Era la comprobación definitiva de que todo seguía en consonancia.

Había anochecido. Octubre estaba resultando apacible, con unas mañanas soleadas que hacían entrar la luz en el comercio y alegraban el local. Aunque a la hora de comer se pudiera andar a cuerpo tan a gusto, por la tarde refrescaba, soplaba algo de viento y el abrigo se hacía indispensable.

Honorio se dirigía a la iglesia de San Miguel, la parroquia de su barrio, un templo del siglo dieciocho, construido en ladrillo con elementos ornamentales de piedra, que cerraba la salida, en el fondo de una plaza, a una calleja bautizada, de muy antiguo, con el nombre de «Sal si puedes».

La fachada de la iglesia no tenía nada de particular. Dividida en tres cuerpos, destacaba el central, rematado por un frontón triangular y una gran cruz de piedra. Honorio visitaba el templo casi todos los días, yendo a parar a una capilla lateral presidida por la Virgen de los Remedios.

Encendía una lamparilla y se sentaba en el primer banco de la derecha. Desde allí veía mejor el rostro de la Virgen, cuya imagen tenía tamaño natural, erguida sobre un descansillo en el centro de un templete iluminado, vestida de rojo carmesí con un manto añil y un velo blanco, flanqueada por varios ángeles de menor altura. Honorio tenía gran confianza en la Virgen, le contaba todas sus cosas, le informaba de todos los pormenores de su vida, seguía los consejos que ella le daba, la amaba con unción.

«Purísima Señora», comenzó Honorio, «es tantísimo el dolor que hay en el mundo, ¿verdad?, es tanto el socorro que el mundo nos demanda que lamento muy de veras lo menguado de mis fuerzas. ¡Cuánta limitación!, ¡cuánta impotencia!, ¡cuánto por hacer! Me siento, Señora, tan restringido, tan insuficiente, tan mínimo para tan gran empresa, tan escaso, a veces, de verdadera voluntad de entrega.

»Falta amor, Virgen María, falta amor para acabar con tanta soledad, tanto desamparo, tanta desesperación, tanto no saber qué hacer. Sufren las gentes a nuestro lado, se duelen con sus ojos ante nuestros ojos, nos miran entristecidas desde su desvalimiento, pero no damos abasto. No puedo, no llego, no abarco con mi amor el desamor del mundo.

»Dame, Señora», prosiguió Honorio, «el ímpetu necesario, dame el ánimo y la fuerza, dame el desinterés y el valor, dame la energía y la capacidad de sacrificio, dame el tiempo y la constancia, dame el discernimiento y la claridad, dame la generosidad, dame el vigor, dame el brío.

»Hoy, Señora mía, te traigo otra buena nueva. Hoy, otra vez, he podido aliviar, en la medida de mis pobres medios, el padecimiento del prójimo. Te había hablado ya de doña Eugenia, esa mujer que fue abandonada, hace ya dos años, por su marido, al que Dios pueda otorgar su misericordia infinita.

»Tenías que haber visto el contento de doña Eugenia, la emoción que ha quebrado su espíritu, lo largo de su agradecimiento, la felicidad que ha hecho saltar sus lágrimas y la alegría que ha rebrotado de su cuerpo. La he visto ir, serena y dichosa, hacia su casa, y aquí vengo a contártelo para que Tú, mi dulcísima Señora, sepas que sigo haciendo lo que en mi mano está, que nunca dejaré a nadie sin mi apoyo y mi consuelo. Que así sea.»

Terminó Honorio su parlamento, e inclinó la cabeza en señal de saludo y respeto. Después levantó su mirada hacia la Virgen, queriendo encontrar, como otras veces, la sonrisa satisfecha de la Señora. La Virgen mantenía sus ojos ligeramente entornados, sus labios prietos y su brazo derecho, con la palma de la mano cierta, extendido hacia adelante. La Virgen no sonreía.

Concentrado y absorto en su monólogo, Honorio no había prestado atención a los rezos y murmullos que llegaban desde el altar mayor. Se celebraba un oficio de difuntos. Sentado como cstaba, giró su espalda y vio, en los primeros bancos de la nave principal, a un reducido grupo de personas, no superior a veinte, que seguía con recogimiento la Santa Misa.

El sacerdote cruzaba en ese momento el presbiterio para dar la comunión a los fieles, que ya se iban arrodillando en el comulgatorio. Entre quienes se acercaban, Honorio reparó en una mujer gruesa, enlutada, que, después de recibir la Sagrada Forma, permaneció unos segundos de hinojos con el rostro entre las manos.

Otra mujer vigilaba la actitud de la primera, de pie, a su lado y, cuando la otra se levantó, aquélla la acompañó hasta el primer banco de la fila central, la dejó pasar, y ambas se arrodillaron, sumiéndose en sus oraciones.

Desde su esquinada posición, Honorio apenas si podía distinguir el perfil de la dama de negro. Su corta melena no le cubría del todo las orejas, de las que colgaban unos saltarines pendientes.

Cuando la misa terminó, Honorio siguió, desde la nave de los confesonarios, los pasos del grupo hacia la salida y observó mejor a aquella señora de aspecto rollizo, ancho cuello y nariz voluminosa, aunque redondeada.

En la calle, Honorio se dirigió hacia la placeta y, desde allí, vio disolverse el cortejo de amigos, que se besaban y se daban las manos como despedida, escuchando, pese a la distancia que le separaba de los reunidos, cómo algunos anunciaban su presencia en la iglesia al día siguiente. Honorio dedujo que la misa formaba parte de un novenario por el alma de algún familiar de la señora enlutada que, ahora, era especialmente saludada por todos los asistentes.

Esta señora y su compañera de banco se cogieron del brazo y atravesaron juntas la plaza, continuando su camino por la calle Arévalo hasta pasar el mercado de frutas y verduras. Honorio las seguía a unos veinte metros y, como ellas hicieran, dobló la esquina del mercado y enfiló la calle Pisuerga.

Al llegar frente a los escaparates de la Ferretería Ibáñez, las dos mujeres se detuvieron, conversaron brevemente y se besaron en ambas mejillas. Una prosiguió calle arriba y la otra —justo la que era objeto de la curiosidad de Honorio— penetró en un portal, el 54.

Honorio, una vez anotado el número de la vivienda, volvió hacia el mercado, continuó por Arévalo y tomó la dirección de su casa, a vueltas con sus pensamientos.

La mujer que con tanta fijación había espiado, aparentaba estar sobradamente metida en la cincuentena —era, por tanto, algo más joven que él— y, si la deducción no le fallaba, parecía vivir sola, puesto que nadie la había acompañado a la iglesia o, al menos, nadie había subido con ella a su domicilio. Honorio descartó que la mujer tuviera marido, ya que, con toda seguridad, y como es lógico, hubiera acudido con ella al oficio religioso.

La intuición y la experiencia le indicaban que aquella señora era viuda reciente. Con toda probabilidad, el novenario se celebraba en sufragio por el alma de su esposo.

A la puerta del templo, Honorio no había visto a ningún joven —hijo o hija casados que tuviesen, por ello, otro domicilio—, los cuales, de haber estado, hubieran acompañado a su madre hasta su casa. Los niños pequeños, debido a la edad que Honorio calculaba a la mujer, quedaban eliminados, y sólo era posible, por consiguiente, que, a causa de sus obligaciones, algún hijo no hubiera podido asistir a la misa.

También pudiera ser que aquella señora tuviera hijos, de ésos que, con triste frecuencia, se muestran remisos a frecuentar la iglesia, incluso en situaciones tan amargas como la que, con certeza, la señora estaba pasando.

Honorio optó por concluir que aquella mujer era viuda y sin hijos, que vivía sola en el 54 de la calle Pisuerga y que su núcleo de amistades y parientes era reducido, estableciendo así, a falta de ulteriores comprobaciones, la ficha provisional del caso.

Ya en su piso, Honorio dejó el maletín sobre la mesa de la cocina. Colocó el pan en la panera y los otros comestibles en el refrigerador. Puso en el fuego una sartén con aceite y un cazo de leche a calentar, mientras batía un huevo para tortilla.

Llevó el maletín al comedor y extrajo de un armario una caja de zapatos. Volvió a la cocina, puso mantel y cubiertos sobre la mesa, echó la leche a un tazón, sacó jamón de la nevera y se hizo la tortilla. Acto seguido, se sentó a cenar.

Mientras comía, destapó la caja y comenzó a revisar las esquelas publicadas en la prensa durante el último mes. Honorio, cada día, recortaba de los periódicos todas las esquelas. La compra de diarios era, pues, una constante en su presupuesto, por lo demás poco elevado ya que carecía de cualquier vicio y no tenía más afición que la filatelia.

Este archivo de esquelas —que renovaba cada mes, puesto que no creía necesario guardarlas por más tiempo— le era de una gran utilidad a la hora de orientar a certero fin sus buenas acciones. El control sobre las mujeres que enviudaban le permitía encauzar por camino seguro sus generosas donaciones y le evitaba enojosos errores de selección.

Sólo conservaba las esquelas de personas fallecidas en su barrio y en los más cercanos, consciente de que ni su tiempo ni su mermada capacidad de entrega le facultaban —aunque bien lo deseara— para ampliar su benéfica actividad hacia más lejanos horizontes. Prójimo es el más próximo —se había dicho muchas veces—, y nunca hace falta ir muy allá para encontrar donde hacer el bien.

Honorio entendía y estimaba la vocación de los misioneros, hombres valerosos que dejan sus pueblos y sus patrias para expandir la semilla del amor en tierras remotas. El, sin embargo, quizá por falta de audacia —se argumentaba en ocasiones—, había decidido circunscribirse a territorios de sobra conocidos y donde había mucho trabajo por hacer. ¡Hay, tan cerca, a nuestro lado —se repetía—, tanta gente que aún no conoce la buena nueva y tanta gente que ya la olvidó!

Repasando sus recortes, Honorio encontró, por fin, lo que buscaba. Dejó el tazón de leche sobre el hule, se limpió la boca y las manos con la servilleta y levantó la esquela a la altura de sus ojos: «Don Luis Moreno Conde. Falleció el 5 de octubre. D.E.P. Su atribulada esposa, doña Mercedes Velasco González, ruega una oración por su alma. La conducción del cadáver se efectuará hoy, lunes, día 6, a las diez quince horas, desde su domicilio (Pisuerga, 54) al cementerio de Nuestra Señora del Consuelo».

Y se añadían datos sobre el funeral.

Devolvió las esquelas a su caja, y la caja al armario del comedor. Allí vio, en su bufete, el maletín con el dinero de la zapatería. Los libros de cuentas podían esperar. Y también los sellos, a los que pensaba dedicar un ratito esa noche con vistas a ir el domingo a la plaza Moratín, donde se juntan por las mañanas los filatélicos para charlar, cambiar, comprar y vender.

Honorio debía retirarse a descansar cuanto antes. Al día siguiente, con el mejor ánimo y en las mejores condiciones, tenía una misión que cumplir.

Un señor gordísimo

El despertador sonó a las ocho de la mañana. Honorio había dormido de un tirón y a pierna suelta, con la persiana de la habitación a medio bajar y la ventana entreabierta, para que entrara fresquito y se pudiera respirar. Honorio dormía así aun en invierno, por más que helara o cayeran chuzos en punta.

Contó hasta cinco y se puso en pie. Encendió el transistor que siempre tenía sobre la mesilla de noche. Muchas veces le pillaba el sueño con el aparato funcionando, y así se lo encontraba por la mañana. A Honorio le gustaba despertarse con música, con las noticias, con el pronóstico del tiempo, y, mientras se hacía la cama y se duchaba, lo trasladaba de un lado a otro. Costumbres de hombre que vive solo y que necesita acompañarse de otras voces y otros ruidos para no estar siempre mareando sus ocurrencias.

Fue a la cocina y se sirvió un buen vaso de agua del grifo, lo más indicado para limpiar el estómago en ayunas. Después, al baño. Lavarse los dientes, hacer gárgaras con un elexir mentolado y rasurarse con la navaja de afeitar. Nada de maquinillas eléctricas. Honorio seguía usando una navaja que le regaló su padre. Funcionaba como el primer día, todo era cosa de confiársela de cuando en cuando al afilador para que la pasara por la amoladera.

Se duchaba, fuera invierno o verano, con agua fría, sano hábito de la gente bien templada. La ducha gélida espabila *ipso facto*, desentumece al instante, elimina todo rastro de soñera y deja el cuerpo listo para afrontar sin decaimientos los trabajos del día. El médico de cabecera le tenía dicho que se anduviera con ojo, que ya no era un chaval, que cualquier día le iba a coger el lumbago. Pero él, erre que erre, tenía demostrado que le probaba.

Se vistió con un traje limpio, recién traído de la tintorería, y se puso una camisa bien planchada. Tenía que causar buena impresión a doña Mercedes y no sabía si iba a disponer de tiempo para volver a pasar por casa.

Fue a la cocina y tomó de la alacena un zurrón de papel lleno de panes duros que fue troceando sobre el alféizar de la ventana, comida para las palomas. Pese a tener la repisa hecha un asco de cagadicas, le gustaba dar migas a las palomas. Pronto venían al reclamo del alimento y, algunas, las de mayor confianza, le comían de la mano. De paso echaba un vistazo al patio, a la ropa tendida en los balcones traseros, a las mujeres que ponían lechuga a los conejos que mantenían en las terrazas, a las jovencitas que ayudaban a sus madres en el desayuno retirando de las fresqueras las perolas de la leche, en fin, comprobaba que la vida seguía.

Honorio nunca desayunaba en casa. Una pequeña manía o, si se quiere, un vicio secundario. Bajaba a la calle, procurando evitar las monsergas de la vecindad —o, al menos, abreviarlas—, y se iba derecho al quiosco de la prensa.

—No sé de dónde saca tiempo para leer tanto papel —le decía Gregorio, el encargado.

—Siempre hay tiempo para todo si uno se organiza.

—Pero es que usted se lleva todos los periódicos, y no sé para qué, si todos traen lo mismo.

—Eso dice usted, que no los lee.

—Oiga —aclaraba Gregorio—, si para mí es mejor, con tal de vender.

Naturalmente, según Honorio, todos los periódicos no traen lo mismo. Las familias tienen sus preferencias y ponen las esquelas de sus deudos en los diarios que leen habitualmente y que saben que son más del gusto de su círculo de amistades.

Honorio cruzó de acera hacia la Panadería Berganza. Allí compraba el pan para la cena y un bollo, dulce o pastel para el desayuno. Panadería Berganza era mucho más que una panadería. Con horno y pasteleros propios, además de pan, expendía de todo: suizos, caracolas, trenzas, napolitanas, torteles, ensaimadas, palmeras, *croissants*, torrijas y hasta churros. Bueno, más que una panadería, Berganza era una confitería en toda regla.

—¿Qué se lleva hoy, don Honorio? Los churros están riquísimos, recién hechos.

—Si los hicieran con huevo y les echaran un poco de vino, les quedarían más blanditos y de mi preferencia. Churros no, Valeria, que tardan en digerirse.

Valeria atendía, con su madre, el negocio. Al padre se le veía menos, siempre en el horno con harina hasta en el aliento. Era Valeria una chiquilla de no más de dieciséis años, de ojos grises muy tenues, nariz graciosa, cuello fino y frente espaciosa. Su cabello era rubio, mimbreño, peinado hacia atrás y recogido en la nuca con una gomita. Valeria no era muy risueña, pero, cuando reía, sus estrechos y descoloridos labios se esparcían de oreja a oreja. A Honorio le gustaba la facha de la niña y, a menudo, lamentaba verla allí, todo el santo día tras la barra, pálida y delgada como un tallarín.

—¿Prefiere un par de torrijas de miel, don Honorio? —preguntó Valeria, abriendo mucho los ojos y mordiéndose el labio inferior con sus dientes blanquísimos.

—¿Les habrán puesto bien de canela?

—Con mucha canela.

—¿En rama?

—En rama, don Honorio, a las torrijas siempre les echamos canela en rama.

—Bueno, pues me llevo dos.

Honorio tenía por costumbre desayunar en el Café Bar Espronceda, en una mesita arrinconada junto a los ventanales. Colocaba sobre el mármol sus periódicos, situaba su bollería y esperaba al camarero. Los empleados del café ya conocían la invariable comanda: café, en vaso grande, con dos azucarillos. Aceptaban, siguiendo un antiguo pacto, que Honorio no consumiera pastelería. El prefería las especialidades de Panadería Berganza. Así lo manifestó en su día y así quedó establecido para siempre. No había cuestión.

El cafetito mañanero era para Honorio placer y medicina. Lo bebía muy negro, apenas rebajado con una chispita de leche. Su difunta madre solía decir que ella sin el café no hubiera podido pasar un día. Tenía permanentemente un puchero en el fogón y, cuando los quehaceres de la casa la hacían desfallecer, se tomaba una tacita y es que revivía, se quedaba como nueva. Volvía a ser persona.

Honorio, en el Espronceda, echaba un primer vistazo a los periódicos. Es decir, a las esquelas. Hacía entonces sus primeras clasificaciones: por barrios, por edades, por número de familiares, por posición social —según las calles y, cuando se consignaban, las profesiones de los finados— y por creencias. Evitaba relacionarse con personas sin convicciones religiosas, extremo que dilucidaba fácilmente según viniera o no la señal de la cruz en la esquela y según cuál fuera el cementerio —católico o civil— al que se iba a destinar el cadáver.

Estas distinciones, a veces, le suponían a Honorio fugaces remordimientos de conciencia, puesto que equivalían a poner en práctica un sistema de criba contrario a lo universal de su vocación, pero pronto hallaba paz al pensar que, a la postre, alguna clase de filtro tenía que emplear puesto que, como era evidente, no podía cumplimentar todos los casos que, por desgracia, se presentaban.

Tras el desayuno, degustado por Honorio con golosa morosidad, era el momento de irse para la tienda. Todos los días abría a las nueve y media en punto. Honorio vivía en un barrio de comerciantes, gentes de modesta clase media, que iban saliendo adelante con desigual prosperidad. Un barrio donde casi todo el mundo se conoce al menos de vista, lo cual da un tono cálido a la convivencia, siempre que los residentes no se metan en la vida ajena —tan inmediata— ni se afanen en el feo entretenimiento de cortar trajes a todo quisque.

El recorrido desde el Café Bar Espronceda hasta Calzados Sigüenza —hecho, por lo general, a paso ligero— era para Honorio otro de los ratos agradables del día. El aire de la calle se conservaba todavía intacto, resistente a los tubos de escape de los automóviles. Las mangueras del riego municipal habían limpiado las aceras, las bocas del alcantarillado y el asfalto. La atmósfera tenía esa humedad salubre, reforzada por los portales abiertos que aún no habían secado después del fregado.

Ese ambiente era extraordinariamente permeable a todos los olores que, cada cinco pasos, emanaban de los diferentes comercios. A Honorio le agradaba catar, conforme caminaba, el tufillo de las aceitunas y las cebolletas en vinagre de las coloniales, los efluvios de la pintura y del azulete de las droguerías, las fragancias confundidas de las perfumerías, el reconcentrado vaho de alcanfor y linimentos de las farmacias, el aroma vegetal de los ultramarinos, incluso el tufazo a higadillos y mollejas de las carnicerías, que quedaba finalmente neutralizado, muy cerca de su tienda, por el bálsamo de las flores que vendía una gitana.

—¿No me lleva hoy nada, don Honorio? —preguntó la mujer mostrándole unas rosas amarillas.

—Ahora no, María, que llevo prisa. Luego, si acaso.

—Mire qué gladiolos más bonitos, que se los dejo baratos.

—Quizá luego, María, más tarde.

Abrió la puerta de la zapatería cuando, según su reloj de pulsera —que marchaba en punto con Radio Nacional—, faltaban dos minutos para la media. Y, al entrar, se sobresaltó, como casi todas las mañanas, con el enorme cuadro situado, entre dos cortinas de paño verde con puntilla blanca, en la ojiva del arco que separaba la tienda del almacén.

Era la reproducción, acristalada y enmarcada en nogal, de un grabado de Gustavo Doré representando al célebre gato con botas. Doré había pintado al morrongo en actitud de extrema fiereza, con ropa de espadachín, mostrando amenazante garras y colmillos, con los ojos fuera de sí y el cuello ceñido por un collar que parecía hecho de cráneos de ratones. De un ancho cinturón de enorme hebilla, el bestial minino llevaba colgado a la vista un infortunado roedor mientras que la cabecita y la cola de otro desgraciado asomaban por una faltriquera también atada al cinto. El feroz animal se mantenía en pie, con los brazos alzados en desafío, ante un bosque negruzco, en la ribera de un arroyo bordeado de cáñamos del que emergía la espantada jeta de una bañista. Una estampa de susto que su padre había colocado allí y que Honorio había pensado mil veces en retirar.

Antes que nada, Honorio hizo la caja del día anterior, y repuso en la registradora algunos billetes y moneda fraccionada para cambio. Esa mañana esperaba la visita de un viajante y la llegada de algún género que tenía hace tiempo solicitado.

El viajante se presentó a mediodía con unos figurines que avanzaban la moda de primavera. Honorio era más bien insensible al flujo y reflujo de las modas. El buen género era buen género ahora y dentro de diez años, aquí y en Pekín. El viajante le mostró unos diseños en colores azulados, verdosos e, incluso, amarillentos.

—¿Y dice usted que esto que me enseña es calzado de caballero?

—Sí, señor.

—¿Que los hombres se van a poner zapatos amarillos?

—Sí, señor.

—¿Y con tanto tacón?

—Sí.

—¿Y con estas puntas como abotinadas?

—Sí, señor. Es lo que viene ahora de Italia.

—Pues como si viene de Logroño. Este género no es para mi clientela.

—Por aquí va la moda, don Honorio, éste es el último grito del diseño —argumentaba el viajante errando la táctica.

—¡Pues menudo grito más estridente! Hace falta tener mal gusto, si usted no se ofende que se lo diga —se defendía, convencidísimo, Honorio.

—Por mí...

A Honorio, en género de caballero, no le sacaban de los colores negro, marrón y granate, que eran los que se habían llevado de siempre.

—La juventud, don Honorio, viaja, sale al extranjero, ve cosas por ahí fuera, ya no quiere lo de toda la vida —afinaba el representante.

—La juventud... ¡Pues vaya! —protestaba Honorio—. Si en este barrio no hay apenas juventud. ¿No querrá que le venda un zapato verde al ebanista de aquí al lado?

El acuerdo fue imposible, pero el zapatero le hizo al viajante algunos pedidos en modelos de señoras, las cuales, en su opinión, siempre eran más proclives a la extravagancia en el vestir con tal de no llevar lo mismo que las vecinas.

El suministro no llegó ni por la mañana ni por la tarde, y Honorio fue atendiendo a la clientela como cualquier otro día.

A eso de las siete, entró en la tienda un señor gordísimo, lo menos pesaba cien kilos. Llevaba un traje oscuro y un abrigo de franela con trabilla. Se cubría la cabeza con un sombrero de fieltro. El señor, por las pintas, parecía un gangster, un socio de Al Capone. Esa etiqueta le puso Honorio, que había visto muchas películas de policías y ladrones de Chicago, antes, cuando en los cines echaban películas entretenidas.

—¿Qué desea, señor?

—Quiero unos zapatos negros, de cordones, con suela de goma.

—¿Qué número calza usted?

—El 45.

Mientras pasaba a la trastienda en busca de diferentes modelos, Honorio se tranquilizó ante el bonachón aspecto del señor. Pese a su descomunal envergadura, el señor —totalmente calvo— tenía cara de buena persona, piel rosada y una papada fenomenal.

—Esta marca le va a dar muy buen resultado —explicaba Honorio, arrodillándose para ajustar con el calzador uno de los zapatos—. Es de una casa que trabaja muy bien. ¿Se da cuenta del cosido?

El señor se puso en pie y dio unos pasitos flexionando los tobillos. No parecía muy convencido. Se volvió a sentar.

—Es que me aprietan aquí —dijo señalando el empeine.

—Pruebe con estos otros —dijo Honorio—. Son también del 45, pero de horma más ancha.

El caballero repitió la operación y manifestó sentirse cómodo. Honorio le recomendó que se probara también el zapato del otro pie, pues nunca los dos pies de una persona son de igual tamaño.

El señor confirmó su buena impresión y dijo que se quedaba con el par.

Al tiempo que abonaba el importe de los zapatos, el señor se dirigió a Honorio con una pregunta.

—Perdone que le diga, ¿ha notado usted algo desagradable?

—¿Algo desagradable? —Honorio se extrañó—. No sé a qué se refiere, caballero.

Entonces el hombre frunció las cejas y se tocó suavemente con un dedo en la aleta derecha de su nariz.

—Mal olor —dijo—. Mis pies huelen mal.

Honorio se azoró un tanto y le quitó importancia al asunto.

—Ni lo había notado. Todo el día en este negocio, uno se acostumbra a todos los olores.

—Mis pies huelen mal, señor. Mi mujer me lo dice.

—Manteniendo una higiene normal, no hay por qué…

—Me ducho todos los días, señor —interrumpió el otro—. Pero el mal olor de mis pies no desaparece.

—¿Tiene usted problemas con el hígado?

—No, señor —dijo el hombre algo asombrado.

—¿Y problemas digestivos? —insistió Honorio.

—Los normales en una persona de mi edad —contestó el señor con un gesto de obviedad.

—Verá, se lo pregunto porque, aunque le parezca mentira, el mal olor de los pies guarda, a veces, relación con ciertas dificultades hepáticas o digestivas.

—Nunca lo había oído decir —comentó el hombre riendo de buena gana.

—Pues así es, caballero —apostilló, seguro, Honorio—. ¿Ha probado a espolvorear sus pies con bicarbonato?

—Ah, eso sí —otorgó el caballero—. Eso ya lo había oído nombrar, y lo he experimentado sin resultados.

—Quizás estemos ante un caso digno de estudio —bromeó Honorio—. Mire, le voy a recomendar que se eche usted un poquito de ácido bórico todas las noches.

—¿Y usted cree que eso tendrá algún efecto? —preguntó el hombre absolutamente perplejo.

—Con toda seguridad. No le quepa duda.

—Y eso ¿no será malo para otra cosa? —inquirió un tanto alarmado el caballero.

Honorio se estaba impacientando un poco. La consulta le hacía perder tiempo, y ya comenzaba a pensar en ir cerrando la tienda para salir en busca de doña Mercedes, tal y como había planeado mientras comía. Así que, con su mejor sonrisa, tomó al señor por el codo y le fue arrastrando hacia la puerta.

—Eso, señor, no es malo para nada. Tenga usted la más completa confianza en lo que le digo.

—Ah, pues muchísimas gracias —dijo el señor a punto de salir—. Ha sido usted amabilísimo.

—Para servirle, caballero —dijo Honorio ayudándose con una pequeña reverencia.

El señor salió a la calle. Y, de pronto, Honorio, tras él.

—Señor, señor —le alcanzó—. En los zapatos, eche el ácido bórico en los zapatos, nunca en los pies.

—Aaaaah, ya decía yo —dijo el otro—. Por eso que me extrañaba.

—No, claro, en los pies, no. En los zapatos, y por las noches —sentenció finalmente Honorio, y se volvió hacia la tienda entre frases de agradecimiento de aquel pesado caballero.

Honorio, con toda celeridad, fue recogiendo las cosas para colocar el cartelito de cerrado en cuanto dieran las ocho. Se atusó el pelo en el retrete trastero y se frotó el cuello y las muñecas con un poquito de loción. El encuentro inesperado con un amigo camarero, que acababa de terminar su turno y le propuso tomar una copa, retrasó su llegada a la iglesia de San Miguel. De todas formas, se plantó en la puerta justo a las ocho y media.

El templo, sin embargo, estaba prácticamente vacío. En la penumbra casi total, algunas ancianas diseminadas como moscas efectuaban sus rezos, y otra más realizaba, en voz alta, un recorrido por las estaciones del Vía Crucis. A un sacerdote que abandonaba su confesonario, Honorio le preguntó cuándo iba a comenzar la misa del novenario, y el cura le respondió que había terminado el día anterior.

Así pues Honorio no había entendido bien, desde la distancia, las palabras de despedida que parecían indicar, la noche de atrás, una nueva cita para esa hora. Quizás aquellas palabras se referían a una reunión para comer, hacer compras o visitar la consulta de algún médico.

Entonces Honorio decidió, sin más rodeos, personarse en casa de doña Mercedes. Ya en el portal del número 54 de la calle Pisuerga, Honorio husmeó en los buzones hasta encontrar una tarjeta de visita de don Luis Moreno Conde, colocada en la ventanilla transparente del cajetín de la correspondencia, en la que, escrito a bolígrafo, ponía: «3º derecha».

Hizo sonar el timbre de la puerta, observando la atornillada imagen del Sagrado Corazón de Jesús, con la leyenda «En Vos confío», reluciente junto a la mirilla. Escuchó después unos pasos cada vez más próximos, y la puerta se abrió.

—¿Qué desea?

Doña Mercedes llevaba un vestido negro, camisero, abierto un par de botones para dejar hueco a un pañuelo de seda gris perla anudado. Su rostro era realmente rechoncho, mofletudo, y se derivaba, hacia unos hombros muy cargados, por un mentón prominente y sucesivas papadas separadas por otras tantas arrugas muy marcadas. Sus ojos, marrones y brillantes, se atrincheraban en párpados muy hinchados. Honorio, de primeras, contó cuatro lunares oscuros —el más grande, sobre el labio superior— en la cara de la mujer.

—¿Doña Mercedes Velasco González, viuda de Moreno?

—Servidora.

—La acompaño, con toda mi sinceridad, en el sentimiento.

—Muchas gracias.

Doña Mercedes mantenía la puerta a medio abrir, sujeta, sin mayor firmeza, por su mano derecha. Honorio se presentó.

—Honorio Sigüenza.

—Tanto gusto —dijo doña Mercedes, tendiéndole la mano.

—Señora, sabedor por la prensa del dolor que la aflige por la muy sensible pérdida de su esposo —comenzó, solemne, Honorio—, sabedor de la pena que la consume y de la desolación que gobierna su ánimo, me dirijo a usted para calmar su aflicción. No es lástima lo que me ofrezco a brindarle, sino apoyo verdadero.

La señora que había seguido la exposición de Honorio con interés y con una mueca de conmiseración hacia sí misma, preguntó extrañada:

—¿A estas horas?

—Cualquier hora es óptima para socorrer al prójimo. Mis obligaciones, por otra parte, no me han permitido, como hubiera sido mi deseo, personarme en su domicilio con mayor antelación.

—Ah, comprendo. ¿Viene usted a venderme algo? —interrogó doña Mercedes—. Tengo de todo. Ahora, incluso más de lo que preciso.

—No vengo, señora, a venderle nada. Vengo —añadió Honorio— a darle todo, de corazón y de balde.

—Pues no sé qué puede ser —respondió ella, negando con la cabeza.

—Aquello que usted más desea, señora.

—Iba ya a acostarme, pero pase, pase y explíqueme —comunicó doña Mercedes franqueando la entrada a Honorio, que la siguió hasta el cuarto de estar.

El semblante de Honorio, reposado y apacible, inspiraba confianza en cualquiera. Sus muy correctas palabras, la extrema educación que denotaban sus ademanes, la bonhomía y la caballerosidad, en suma, que traslucía, anularon, si es que hubo, todo recelo en doña Mercedes.

—Usted me dirá —dijo la señora sentándose y ofreciendo asiento a Honorio.

—Hermoso alojamiento el suyo, doña Mercedes —comentó Honorio recorriendo la habitación con la mirada.

—Apañado..., ¿cómo dijo que se llamaba?

—Honorio Sigüenza, señora, para servirla.

—Apañado, don Honorio, apañado y, eso sí, limpito.

—Aprecio en gran manera la limpieza en la mujer. Mujer limpia, mujer virtuosa. Una ecuación que no falla.

—Siempre me ha gustado tener todo como el oro. Mi difunto marido, que en paz descanse, era muy exigente con eso.

—Como debe ser, doña Mercedes. Sin embargo, ahora, una casa tan limpia, un hogar tan primoroso, una madriguera tan cuidada... para un solo animal. Si me permite el símil, doña Mercedes.

—¡Y que lo diga! —suspiró ella.

—Los hijos, además —Honorio, ladino— no aprecian estas cosas.

—No me quedan hijos, don Honorio —se lamentó ella—. Tuvimos uno y se murió de meningitis. El Señor me lo dio, el Señor me lo quitó. Fue su voluntad.

—Dios es sabio y sabias son sus decisiones, por más que nos cueste, débiles como somos, aceptarlas.

—Así es —corroboró doña Mercedes, que se encontraba a gusto con la charla.

—Y, ahora, usted, sola. ¿Qué se puede esperar de las amistades en este mundo egoísta?

—Nada.

—Claro. El muerto, al hoyo, y el vivo, al bollo. Como suele decirse.

—¡Y tanto! —afirmó ella.

—Y, ahora usted, doña Mercedes, con toda esta casa para usted sola, con todo el santo día para usted sola. ¿Para quién cocinar?, ¿para quién lavar?, ¿para quién extremar?...

—Para una sola, desde luego.

—¿Y para quién hacer la plancha?, ¿para quién almidonar las sábanas?, ¿para quién hacer la cama?

—Para una, don Honorio, sólo para una.

—Noches largas, noches en vela, noches de insomnio y soledad, sin nadie al lado, sin la compañía grata de otro cuerpo, sin el calor de otro aliento.

—Lleva razón.

Honorio consideró que doña Mercedes —al igual que otras muchas mujeres en parecidas circunstancias— había llegado ya al punto que facilitaba la comprensión de sus desinteresadas proposiciones.

—Doña Mercedes, usted es todavía una mujer joven. Su figura conserva lozanía y atractivo —ella sonreía complacida—, su cuerpo le exige vida, actividad, movimiento y desgaste. Su alma halla consuelo en el divino alimento, pero su cuerpo no merece ni el arrinconamiento ni el olvido. Señora, si usted me lo permite, y previa valoración de todos los factores concurrentes, en obligado cumplimiento de mi deber cristiano, que no es diverso del de todo hombre bien nacido, yo le propongo: tengamos contacto carnal, demos goce legítimo a nuestros sentidos, mantengamos, en definitiva, ayuntamiento.

Doña Mercedes echó un rápido vistazo, de arriba a abajo, a Honorio, y con velocidad admirable, demostrativa de singular inteligencia y capacidad de organizar sin retraso un criterio firme y conveniente, respondió al instante:

—Por mí, encantada.

En la alcoba

Doña Mercedes vestía una batita blanca acolchada, toda dibujada de ramitos de violetas, y calzaba unas zapatillas rosas, sin talones, con un pompón muy mimoso. Se había hecho la permanente, con unos rizos muy salados que la rejuvenecían. Aquella mañana doña Mercedes se había quitado el bigote con cera, y por eso tenía unas pequeñas manchas rojizas bajo la nariz.

En la droguería, había comprado un ambientador francés, muy bueno, que olía a pino, que parecía que estaba uno en el campo. Había pasado la fregona por el parqué del recibidor, lo había encerado y sacado lustre con una bayeta. Los dorados de encima de la consola brillaban que daba gloria, y la Virgen de Fátima fosforescente tenía en marcha su cajita de música con la canción de Cova de Iría.

Cuando llegó Honorio, doña Mercedes terminaba de distribuir unas galletas de chocolate en un platillo de cristal verdoso, y había sacado del mueble bar una botella de anís, otra de coñac y otra de rayo de sol para que Honorio tuviera licores surtidos entre los que elegir. Aquellas botellas eran de consumo exclusivo de su marido, que no era un borracho, ni mucho menos, pero gustaba de tomar una copita los domingos, oyendo por la radio la información de los partidos de fútbol.

—Pase, pase, don Honorio, menuda puntualidad.

—Me gusta cumplir, que nadie espere por mí.

Doña Mercedes, al escuchar el timbre, se había ahuecado el pelo ante el espejo de la entrada y se había distribuido mejor la pintura fucsia de los labios. Ayudó a Honorio a quitarse el abrigo, que colocó en un perchero al que apenas si llegaba.

—Por aquí, señor Honorio, venga usted por aquí.

Honorio la siguió por el largo pasillo de baldosa color teja. Las paredes estaban recubiertas de papel pintado, grandes fuentes rococó que se repetían equidistantes como un campo de vides visto desde el aire. El cuarto de estar, en contraste con la frialdad del corredor, estaba tibiamente caldeado.

—Ya he empezado con el brasero —dijo doña Mercedes, señalando los bajos de una mesita camilla— y hasta junio no lo retiro. Soy muy friolera, señor Honorio. Ah, y si no me llevo una botellita de agua caliente a la cama es que no pego ojo. Apetece el calorcito, ¿verdad?

Doña Mercedes fue a llenar de agua un jarrón para meter en él el manojo de crisantemos que Honorio le había traído como obsequio, invitándole a que se sirviera dulces y bebidas. Cuando doña Mercedes regresó, Honorio mordisqueaba una de las galletitas con delectación.

—Son hechas en casa, don Honorio.

—Se nota a la legua, por los huevos, que se ve que son frescos.

—En las pastelerías, por más que digan, todo lo hacen con polvos. ¡Y vaya si se nota la diferencia!

Honorio, en estas primeras sesiones, era partidario de reducir los prolegómenos, poniendo buen cuidado en no resultar grosero ni aparentar impaciencia indebida. De modo que, sin la mayor dilación, sugirió a doña Mercedes trasladarse ya a la alcoba.

—Estoy lista —dijo ella, de pie, al borde de una gran cama de matrimonio.

Honorio se acercó y fue desabrochando los botones de la bata. Quedaron al descubierto los nutridos hombros de doña Mercedes y, después, sus rollizos brazos, repletos de manchas color café y de minúsculos lunarcitos rojos.

Ella llevaba unas enaguas negras de muselina, adornadas con encaje de Alençon e incrustaciones de satén, que dejaban notar las gomas de las bragas, a la altura de las caderas, y los tirantes, también negros, del sostén.

Honorio dobló con rigor de dependiente y del revés la batita acolchada sobre el respaldo de una silla, e hizo un gesto a doña Mercedes para que se introdujera en el lecho, cosa que ella hizo tras retirar el cubrecama y abrir la embocadura.

Honorio se quitó la ropa hasta quedar completamente desnudo de espaldas a doña Mercedes. Al volverse, ella pudo ver su pene erecto, ligeramente desviado, avanzar pendulante hacia la cama, y sintió unas desconocidas ganas de lanzarse sobre él y zampárselo a mordiscos como si fuera una zanahoria pelada de lo más alimenticia.

Pero doña Mercedes no se movió. Se quedó quieta con los brazos pegados al cuerpo. Honorio se sentó junto a ella, y alejó la sábana y las mantas hacia la piecera, y le sacó a ella sus bragas azules caladas en dos gestos idénticos y sucesivos muy similares a las brazadas del remero.

Entonces Honorio se situó de rodillas encima de la mujer, y elevó sus enaguas a la altura de sus pechos. Quedaron a la vista los atocinados muslos de doña Mercedes, sañudamente marcados por las bragas, y el tupido matojo de pelos de su pubis, que se expandía por todas direcciones en paisajes cada vez más transparentes.

Honorio atrajo a la señora hacia su pecho, le quitó las enaguas por la cabeza y desabrochó el cierre del sujetador, ayudando a reclinar, con tierna delicadeza, la nuca de ella sobre la almohada. Al aire aparecieron, libres del ocultamiento de las grandes copas del sostén, unas tetas inmensas, surcadas por venillas azules que Honorio recorrió con sus dedos, apercibiéndose de su suavísima textura, de su lechosa lisura, mientras llegaba a su olfato la acidez jabonosa de los sobacos de doña Mercedes.

Ella comenzó a moverse cuando Honorio situó los dedos sobre sus pezones, apretándolos ligeramente como quien toca el timbre a horas improcedentes, y, más aún, cuando él, con las manos abiertas, fue refrotando circularmente sus tetas, con ritmo cada vez más rápido, como si estuviera cerrando el tapón de un frasco de gran circunferencia.

Doña Mercedes cabeceaba ya de izquierda a derecha, palmoteaba sobre las sábanas cada poco, daba tenues gritítos, abría mucho los ojos, resollaba y arqueaba sus piernas con las rodillas en alto.

Su sexo se iba humedeciendo por momentos, se dilataba, cogía amplitud y holgura, daba paso libre al exterior a sus líquidos íntimos que fluían emitiendo breves gorgoritos, resonancias burbujeantes que Honorio captó. Ello le hizo poner la mano derecha sobre el agujero de ella e introducir los dedos en su chorreante vagina hasta embadurnárselos bien y dárselos a probar a ella.

Doña Mercedes sacó la lengua y chupeteó los dedos de Honorio con la avidez de un niño que termina un polo en los últimos segundos del recreo, y él, mientras, con la mano izquierda, masajeaba la grieta de ella como si buscara agua bajo la arena de una playa. Los gemidos de la mujer se sucedían en alborozado alboroto.

Honorio, entonces, se aplastó contra el cuerpo de doña Mercedes —sus piernas, entre las de ella—, hundió su cara en la almohada, se cogió el miembro con la derecha, tentó el hueco, encontró el camino y se lo metió entero, empujando bien hacia arriba —ella se dio con el cogote en la cabecera de la cama—, y así, entrando y saliendo, llegaron juntos hasta el final.

Honorio se quedó dentro todavía un buen rato, besando uno por uno los lunares y la verrugas que doña Mercedes tenía por toda la cara, besos cortitos y muy seguidos.

—Se está tan bien así, ¿verdad? —decía ella.

Y él hacía girar despacito su cabeza para encontrar más lunares y verrugas que besar, en la frente, detrás de las orejas, por debajo de la barbilla, en las cejas, él buscaba por todo y la besaba.

—Mi cara es fea, don Honorio, toda llena de horribles verrugas —se avergonzaba ella.

—En absoluto. Usted es hermosa porque sus verrugas son hermosas. No hay dos iguales. Todas son de diferente tamaño y de distinto color. Me gustan.

—Pero yo quisiera quitármelas. ¿Me las tendrían que quemar con plata, no?

—No hace falta. Si se da saliva todas las mañanas, le desaparecerán. Pero, yo que usted —le sonreía Honorio—, no me tomaría la molestia.

Por fin, él se retiró y se tendió junto a ella, tras alcanzar las sábanas y taparla hasta casi la nariz.

—¡Que me voy a ahogar, con el calor que tengo! —protestó ella.

—Ahora es cuando se cogen los constipados. Tápese.

Y permanecieron durante varios minutos tumbados, en silencio, cogidos de la mano, sin pensar en nada, disfrutando. Doña Mercedes se acordó, de pronto, de algo importante.

—Honorio, por si tiene necesidad, en la mesilla hay un orinal.

—Muchas gracias. No tengo ganas.

Antes de dormirse, doña Mercedes comentó en un suspiro:

—Esto es media vida, ¿verdad?

Y apretó con fuerza la mano de Honorio.

Valeria se porta mal

Aquella mañana, como siempre que llevaba buenos informes a la Virgen, Honorio se concentró en el rostro de la Señora en un santiamén y nada le despistó de sus palabras.

«Oh, Madre mía, salud y alegría de mi corazón», comenzó Honorio. «Son torpes mis palabras y bien magras mis virtudes, son débiles mis mejores intenciones y es tibio el empeño que pongo a menudo en complacerte. Pero sé, Señora, que son las obras del amor las que te agradan, por más que sean inconstantes y parvas. Antes que las declaraciones y las máximas, que las sentencias y los buenos propósitos, sé, Virgen Santísima, que aprecias los hechos del amor por encima de cualesquiera otras operaciones del alma.

»Conoces el ansia urgente que impulsa en mí el cumplimiento del mandato del amor y el afán que en ello pongo sin tregua y con el concurso indispensable de tu esencial ayuda. Me regocijo, y el regocijo de tu corazón espero, porque una nueva obra de entrega y abandono pude culminar ayer, dando compañía a una mujer sola, dando socorro a un cuerpo desasosegado, dando aprecio de sí misma a un alma que, agonizante en el sufrimiento, llevaba el norte de abocarse al desprecio de sí y, quién sabe, si no a la desesperación irreparable.

»Pero ayer, Purísima Doncella», terminó Honorio, «esa mujer encontró, por mi intervención desnuda, la huella de lo hermoso, y renació en ella el gozo de seguir viviendo como una criatura más a tu servicio en el bello jardín del mundo que, cuando se contempla con los ojos del amor, se halla perfecto hasta en lo feo y feliz hasta en la aflicción que el desvarío pecador de los hombres ha introducido en la armoniosa placidez de lo creado. Es esta noticia buena que te traigo para tu satisfacción y para seguir, pues tanto lo necesito, contando con tu crédito. Amén.»

En la Panadería Berganza, Honorio barruntó cierta tensión entre Valeria y su madre, doña Manuela. La niña atendía con desgana a la clientela, servía y cobraba con rapidez y rutina, sin zalamear, como tantos días, con las señoras, sin ponderar tal o cual pastel, sin cantar las excelencias de tal o cual dulce.

—Le pongo esta barra, que está muy cocidita. Llévese este pan de frutas, que aún está caliente. Hoy le recomiendo las ensaimadas, que han salido con la pasta muy sueltita —se le oía decir otras veces.

La chica no tenía ganas de coba. Ignoraba la presencia de su madre, que, esa mañana, estaba particularmente meticona con ella, dándole órdenes cada dos por tres, reprochándole que envolvía mal una toña o que se equivocaba al dar los cambios.

—¿Qué les pasa a las dos esta mañana? —se interesó Honorio.

—¿Que qué nos pasa? —dijo la madre—. Pregúntele a ella a ver qué nos pasa —añadió doña

Manuela con enfado señalando con la cabeza a Valeria.

—¿Qué ocurre, Valeria? —Honorio buscó los ojos de la chiquilla.

—Nada —respondió secamente la niña.

—¿Nada? —apostilló doña Manuela—. ¡Menuda cara! Dice que nada. Anda, dile a don Honorio, lo que es nada. Anda, díselo.

—Bueno, si se van a poner así —él trataba de dejar el asunto, viendo cómo Valeria se ruborizaba—, cojo la puerta y me marcho, ¿eh? Que ya se les pasará.

—A esta mocosa se le tienen que pasar las tonterías. Ayer, en el portal de casa, dándose el pico con un mozalbete —si no lo decía, reventaba.

Valeria estaba ya como una amapola.

—La pescó su padre, le dio dos tortas, mandó a paseo al chico, y encima ésta, hoy, de morro —doña Manuela estaba indignada.

—¡Pues vaya cosa!, ¡menuda catástrofe!, ¡qué sé yo lo que me estaba imaginando! —Honorio tenía lástima de la chica—. ¡Con lo buena que es Valeria!

—¿Buena? Buena, cuando le da la gana —la madre, implacable, seguía haciendo un mundo de tal pequeñez—. Que me pilla a mí mi padre en ésas, a su edad, y me mata. ¡Menudo disgusto!

Una señora, en el otro extremo de la barra, no perdía comba de la discusión, y hacía gestos afirmativos a todo lo que decía la madre. No pudiendo callar, dijo:

—¡Es que sólo tiene dieciséis años!

—Pues ya es mayorcita —replicó Honorio con irritación por la curiosidad y el entrometimiento de la señora.

—¿Mayorcita, don Honorio? —la madre, otra vez—. Pues si es mayorcita que arrime más el hombro, que hay bien de quehaceres en la casa y en la tienda. ¡Vamos, hombre, mayorcita! Ahora, usted, que es un incauto, todavía le va a dar la razón.

Valeria miraba a Honorio con ojillos de perro perdido, agradecida, todavía roja de vergüenza, con los brazos cruzados bajo el pecho.

—Ahora, Valeria, me vas a acompañar hasta la esquina, y tú y yo vamos a tener una charla. Si tu mamá te deja, porque lo primero de todo es obedecer a los padres en lo que dispongan —dijo Honorio.

Valeria miró a su madre para obtener el permiso.

—Anda, vete, sal y que te dé el aire —concedió doña Manuela con cajas destempladas—, que te has puesto colorada como un tomate. A ver si le haces caso a don Honorio, porque lo que es a mí, te importa un pito lo que digo.

Valeria se quitó el delantal por la cabeza, mostrando sus axilas sin apenas vello, y se echó el pelo para atrás, saliendo, rápidamente, de detrás del mostrador.

En la calle, Honorio le preguntó:

—¿Quién era el chico?

—Uno.

—¿Pero quién?

—Uno que conozco.

—¿Es tu novio?

—No. Bueno, sí —dudaba Valeria—, algo.

—¿Es tu novio o no es tu novio?

—No del todo.

—Oh, Valeria, qué tontería. Es o no es. ¿O un cacho sí es y otro no es? —bromeó él.

Valeria rió.

—Es que aún no nos hemos dicho que seamos novios —dijo ella moviendo los brazos, como remachando la explicación.

—Pero habéis salido por ahí más veces, ¿no?

—Sí, claro.

—Al cine y así.

—Sí, y a bailar.

—¿A bailar también?

—A veces.

—Y cuando bailáis, él te aprieta un poco, ¿verdad?

—Un poco, pero a mí me gusta más bailar suelto.

—Claro, pero, cuando te aprieta un poco, también te gusta. ¿A que sí?

—Sí.

—Y te habrá besado más veces, ¿no?

—Algunas.

—¿Cuántas?

—Algunas, varias.

—¿Y te besa siempre en la boca?

Valeria no contestó y miró de reojo a Honorio. Estaba un poco aturdida con tanta pregunta. Se había lanzado a hablar y, de repente, desconfió.

—Don Honorio, ¿no les irá a contar todo esto a mis padres? —dijo asustada.

—¿A tus padres? Si tú y yo, mujer, somos amigos, y todo lo que me cuentas es de lo más natural. ¿A qué chica de tu edad no le gusta que un chico la coja de la mano y la bese? A todas. Es lo natural. Lo que pasa es que los padres les tienen miedo a estas cosas, se preocupan como es lógico. No se acuerdan de cuando ellos eran jóvenes.

Honorio y Valeria habían llegado mucho más allá de la esquina, y ella tuvo que volver. Se detuvieron.

—Y me imagino que, a veces, él te toca.

Valeria dijo que sí con la cabeza.

—Te toca, por ejemplo, aquí —Honorio puso dos dedos sobre el pecho de Valeria.

—A veces, sí.

—Pues para eso tenemos los dedos —dijo Honorio sonriendo—, para tocarnos. Es lo natural. Anda, vuélvete, que te estarán esperando. Si un día quieres, te pasas por la zapatería, y seguimos hablando. Estas cosas son para hablarlas.

Valeria dijo adiós a Honorio y se volvió corriendo. Honorio se quedó observando sus piernas escobales, sus calcetines blancos y la marea de su falda sobre sus pantorrillas rosadas. Miró el reloj y aceleró el paso.

La dama del impermeable transparente

Había llovido durante toda la noche. Las ventoleras estrellaban el agua contra la persiana de su habitación. El aguacero había desvelado a Honorio, se había levantado varias veces para comprobar si las ventanas de la cocina y del baño estaban bien cerradas. La radio lo había anunciado, que habría precipitaciones en casi toda la península.

Salió a la calle con gabardina y boina. Odiaba el paraguas, porque de repente viene un aire fuerte que lo vuelve del revés y te deja como un tonto, en medio de la acera, luchando con el varillaje. La boina, para no mojarse la cabeza, y la gabardina, para no calarse el traje. Nada de hacer el indio con el paraguas.

El quiosco de prensa estaba todo armado de plásticos y pinzas, para que no se pusieran perdidos los periódicos. De todas formas, con los cambios de dirección del viento, se colaban algunas gotas y los primeros ejemplares de cada montón se ahuecaban con el agua.

—Ya era hora de que descargara, don Honorio —le comentó Gregorio—. Eran demasiados días sin llover. Eso es malo para el campo y para todos.

—Sí, pero nunca llueve a gusto de cada cual.

—¡Faltaría otra! En mi pueblo, de seguir así, a ver qué van a hacer con la patata.

—Algo harán.

—¡Joderse!

En el Café Bar Espronceda habían echado mucho serrín por los suelos, para que no se hicieran charcos, y habían puesto el paragüero junto a la puerta. Honorio se fue hacia la barra.

—¿No se sienta hoy, don Honorio? —preguntó Luciano, el camarero.

—No, que llevo prisa.

—Con la lluvia, no sé qué pasa que todo dios pierde el culo —afirmó Luciano, muy convencido de lo acertado de su diagnóstico.

—Es que espero un suministro —aclaró Honorio con el tono del que se justifica sin necesidad.

Honorio se fue bebiendo el café a sorbitos pequeños, mojando el suizo y restregando, de vez en cuando, las manos en el vaso.

—Esto de que llueva —opinó Luciano— sólo es bueno para el Bilbao, que va a ser como si jugara en su campo. A nosotros nos perjudica el terreno embarrado.

—¿Usted cree? —preguntó Honorio francamente desinteresado.

—Hombre, eso lo sabe todo el mundo. Ellos, allí, cuando no llueve, riegan el campo.

—Primera noticia —confesó Honorio.

—Claro, como usted no lee en los periódicos más que las esquelas, no está al tanto de estos pormenores. Ya le digo —remachó Luciano—, con la lluvia y el cerrojazo que ellos gastan fuera, se nos va a poner difícil ganarles el domingo.

—Hombre, pues a ver si tienen ustedes suerte y escampa. Hasta otro rato.

Honorio, como todavía chispeaba, fue caminando deprisa bajo los aleros, procurando evitar las cañerías y las goteras, poniendo atención en no pisar las baldosas sueltas que siempre salpican los bajos de los pantalones, cruzando de acera a acera con la mayor rapidez, evitando ponerse al alcance de los coches que hacen saltar en abanico el agua acumulada en los baches del asfalto.

Al llegar a la zapatería, se encontró con que todavía estaba allí Dolores, la señora que, un día sí y otro no, le limpiaba la tienda antes de abrir. Dolores y Venancio eran, además de Honorio, las únicas personas que tenían llave del comercio. Venancio, un hombre intachable, de mucho fiar, ya jubilado, había sido empleado del padre de Honorio, y éste recurría a su asistencia en los días de mucho agobio, en temporada alta y siempre que algún imponderable le obligaba a dejar la zapatería. Venancio vivía a tres manzanas, no tenía nada que hacer y bastaba con enviarle un recado para que se presentase.

—Dolores, ¿aún está usted aquí?

—Ganas tengo de salir a la calle, con esta lluvia...

La mujer estaba sentada en una de las sillas de probar, mano sobre mano, pensando en las Batuecas.

—¿Pero no tiene usted que entrar en alguna casa? —interrogó Honorio preocupado.

—De sobra sabe que los viernes sólo le limpio a usted —contestó ella—. Además, como lo único que hago es andar de puta...

—¿Mande?

—Eso es lo que dice mi marido, que yo, en vez de trabajar como una negra, ando de puta. ¿Qué le parece? O sea, que me paso el día de casa en casa, desriñonada, lavando, fregando, planchando, y mi marido dice que me voy por ahí de golfa. ¿Cree usted que hay derecho a eso? —Dolores bramaba—, ¿cree que hay derecho?, ¿cree que se puede aguantar? ¡Pues ahí lo tiene!

Honorio sabía, porque la mujer se lo contaba, que el marido de Dolores era alcohólico, sin oficio ni beneficio, que se pasaba el día de taberna en taberna y que, al volver a casa por la noche, la pegaba.

—Dice —continuó ella— que consigo dinero porque me acuesto con hombres. Pues menuda, humor tengo yo para ir de picos pardos, muerta como estoy de tanto bregar. ¿Sabe usted lo que me hizo ayer?, ¿sabe lo que me hizo ese hijo de Satanás?

—Dolores, por favor...

—¿Sabe usted lo que me hizo? —insistía ella—. Pues si no lo sabe, para qué habla. Mire, llegó borracho a las tantas, borracho del vino que se bebe con mi dinero, claro, y yo ya estaba acostada, y los niños, dormidos. Entonces, me despertó a gritos, diciéndome que yo era una zorra, y me sacó de la cama a patadas, ¿lo está usted oyendo?, a patadas, y me tiró al suelo, y me dejó allí tirada toda la noche, porque, cuando pensé que ya estaría durmiendo la mona y quise meterme otra vez en la cama, otra vez me volvió a tirar, a empujones y a puñetazo limpio, y me he pasado toda la noche en el suelo, y cuando se ha despertado, ¿qué se cree que ha hecho cuando se ha despertado?, pues me ha cogido por los pelos y me ha subido a la cama a guantazos, ¿lo está oyendo?, y entonces ha cogido, y, quieras o no, me ha echado un polvo, el muy guarro, ¿qué le parece?, me ha echado un polvo porque me decía que, a una puta como yo, lo que le gusta es que se la follen.

Honorio es que ni pestañeaba, parado en medio de la tienda, tieso como una farola, con la boca abierta, atónito. Dolores lloraba.

—¿Y los niños? —preguntó Honorio.

—¿Los niños? Los niños lo saben todo, lo oyen todo desde su cuarto y lloran, pero no vienen a nuestra habitación porque, si entran, su padre les pega.

—¡Santo Cielo!

—¡Ni santo cielo ni mierda! Así es la vida de los pobres, lo que pasa es que usted no se entera, porque usted, don Honorio, no parece de este mundo.

El día continuó lluvioso, con el cielo permanentemente encapotado, y esa luz grisácea que tanto deprimía a Honorio, le hizo tener encendidos los apliques de la tienda.

No fallaba, con la lluvia, la zapatería se llenaba, la gente echaba en falta un buen calzado, y aquello era un desfile constante de clientela: matrimonios, señoras con niños directamente traídos del colegio, mujeres que iban a comprar zapatos a sus maridos con una idea aproximada de la talla...

—Yo creo que usa el 42, pero es que, ¿sabe?, él no ha podido venir. Si me deja tres pares, él se los prueba esta noche en casa, y mañana le devuelvo los que no le sirvan.

Días así, aun siendo de más venta, eran engorrosos. Los clientes venían acuciados por la necesidad y, por más pensarlo, no siempre elegían el género más conveniente o más adecuado a sus preferencias. Al día siguiente, o al otro, las mitades regresaban para descambiar sus compras. La tienda se ponía hecha un cuadro, con los suelos sucios y encharcados por los zapatos mojados y los paraguas chorreantes que la gente dejaba en cualquier sitio, formándose como meadas de perro por todos lados.

Honorio almorzó como acostumbraba en el Restaurante Sepúlveda, que lo tenía enfrente, un comedor concurrido sobre todo por oficinistas y también por los profesores de las muchas academias del barrio. Allí se encontraba muchas veces con Gregorio, el quiosquero, y compartían mantel y conversación. Luego venía el lío de siempre con el café, que si hoy invito yo, que si usted ya me invitó ayer, que deje que le convide, que, bueno, cada uno pague lo suyo.

La tarde fue también de lo más ajetreada, una procesión permanente, y a punto estuvo Honorio de mandar aviso a Venancio, pero se hicieron las siete y pensó que ya, total, podía tirar solo hasta el final.

Cuando más follón había, se presentó la camioneta de Calzados Mercurio con todo el suministro, y Honorio se puso a jurar en arameo.

—Le esperaba a usted hace lo menos tres días —gritó Honorio al empleado desde la puerta al oír la bocina.

—Se cree que estoy yo para usted sólo —dijo el otro de mala leche, bajándose y dando un fuerte empujón a la portezuela de la cabina.

—Si se queda en una cosa, hay que tener formalidad, ¿no? —argumentó Honorio, yéndose hacia la parte trasera de la furgoneta.

—¿Y a mí que me cuenta? —replicó el conductor—. Yo hago lo que puedo, llevo repartiendo desde la mañana, con la lluvia el tráfico está imposible y se trabaja despacio. Ande, ayúdeme con todo esto, y acabaremos antes.

—Y yo, al personal, lo dejo plantado, ¿no?

—Usted verá. Si quiere me vuelvo por donde he venido —amenazó el de la camioneta, mientras descargaba una buena pila de cajas.

Honorio pidió disculpas a los clientes. Era cosa de nada. En unos minutos, la mercancía estaba en la trastienda, y Honorio y el transportista firmaban los albaranes.

—Si ustedes vinieran cuando se les avisa —Honorio seguía dale que dale—, sería mejor para todos.

—Pero es que ustedes avisan cuando ya no aguantan más —el repartidor tampoco se callaba—. Se les tiene dicho que hagan los pedidos con tiempo, pero no señor, llaman cuando están con el agua al cuello. Nunca mejor dicho.

—Nada —berreó Honorio—, que donde no hay fundamento, no hay fundamento. Tenga usted —y le dio una propina—, a ver si otra vez anda más listo.

—¡Bah!

Y salió.

Honorio atendió lo mejor que pudo a los clientes que, la verdad sea dicha, venga poner y quitar, andar y desandar, mirarse y no mirarse, consultar y dudar, se tomaban su buen rato hasta decidir.

Quedaban dos mujeres en la zapatería, dos que habían venido juntas y, por lo tanto, tenían ya diseminados a su alrededor unos diez pares, encontrándoles a todos pegas y ventajas, sin llevar camino de resolver su elección, cuando sonó la campanilla de la puerta y entró una señora bastante empingorotada. Honorio se fue hacia ella.

—¿Qué desea la señora?

La mujer giró sobre sus tobillos, señaló con el paraguas los escaparates y el mueble de exposición, y contestó con educación:

—No se preocupe por mí, atienda a esas señoras, que yo voy a echar un vistazo por aquí.

Era una dama decididamente elegante, tanto en su porte y vestuario como en sus movimientos. Llevaba unos zapatos grises de mucho tacón, una falda blanca plisada y un conjunto morado. Lucía en el cuello una gargantilla de perlas muy chiquitas —posiblemente de fantasía— que daban cuatro vueltas y se cerraban, por delante, con un broche idéntico a los pendientes, aunque de mayor tamaño. Tenía los labios pintados de naranja, las cejas muy depiladas y el pelo completamente teñido de platino. A Honorio le llamó la atención la enorme amplitud de sus fosas nasales, grandes como almendras, que se abrían y cerraban un poquito al hablar.

Las dos señoras, por fin, se despidieron sin comprar nada.

—Nos han gustado varias cosas. Tiene usted modelos muy bonitos —dijeron casi a coro—, pero no nos decidimos. Lo pensaremos y pasaremos cualquier otro día.

Honorio se dirigió a la recién llegada, que había estado dando paseítos cortos y observando los escaparates a través de las cortinillas interiores, requiriéndole, de nuevo, por sus deseos.

—Mire, yo quisiera unos zapatos en piel azul, bonitos, pero que tampoco sean de mucho vestir, muy sencillitos, sin florituras, algo abiertos por delante, y con bastante tacón —dijo ella mariposeando con las dos manos.

—Usted, si no me equivoco —dijo Honorio mirando por encima de sus pies—, debe calzar un treinta y siete. Más o menos.

—Ni más ni menos —respondió ella con admirativa expresión.

Cuando Honorio volvió de la trastienda, se encontró a la mujer, que se había quitado su impermeable transparente, sentada junto al mueble de exposición, una pieza en madera lacada, muy historiada de adornos, con tres repisas en las que, sobre cojines de terciopelo, se alineaban en ángulo, como las estrías de una concha de peregrino, los zapatos.

La mujer se había descalzado, tenía la pierna izquierda cruzada sobre la otra, y con la mano derecha se friccionaba lentamente los dedos del pie izquierdo, mirando distraídamente hacia la araña que colgaba del centro del techo.

Honorio se acercó, se arrodilló ante ella, dejó en el suelo las cajas que traía y extrajo un par de zapatos de una de ellas.

—A ver si éstos le van bien y le gustan —dijo.

Entonces observó que la mujer llevaba puestos unos pykys.

—¿Se va a probar con pykys? —preguntó.

—Quítemelos.

La mujer puso los dos pies sobre el piso, y Honorio tomó uno de ellos con las dos manos por el tobillo, introdujo un dedo dentro del pyky, lo estiró hacia atrás y se lo quitó. A continuación hizo lo mismo con el otro. La mujer tamborileó levemente con los dedos de sus pies sobre la alfombrilla.

Honorio cogió uno de los zapatos, lo aproximó al pie derecho de la señora y ésta, constriñendo ligeramente los dedos, trató de introducirlo, pero no terminaba de entrar por el talón. Honorio entonces recurrió al calzador y, en ese instante, la señora se abrió completamente de piernas.

Honorio la miró estupefacto y, en éstas, ella tomó su mano con el calzador y se lo acercó a la entrepierna, hasta que el calzador topó con sus bragas.

La mujer mantenía en vilo la desmayada mirada de Honorio, e inclinó la cabeza dos veces, sonriendo, como diciendo: «adelante». Honorio comenzó a darle toquecitos con el calzador en las bragas, y ella cerraba y abría las piernas al compás, aprisionando y liberando la mano de él, que notó helados los muslos de la señora.

Así continuaron tres o cuatro minutos más, hasta que la mujer dijo expeditiva:

—Ponga el cartel de cerrado, apague las luces y baje la persianilla de la puerta.

Honorio se incorporó e hizo, obediente, lo que la mujer le había indicado. Entre tanto, ella se puso de pie, se levantó las faldas hasta la cintura y, con un doble meneo de trasero, se bajó las bragas hasta la rodilla. Y volvió a sentarse, manteniendo siempre abiertas las piernas.

La tienda entonces quedó en penumbra, casi a oscuras, sólo iluminada por las luces de la calle. Honorio regresó a su puesto, y comenzó a introducir el calzador por el estuche, totalmente mojado, de la señora.

Iniciada esta operación, ambos percibieron el mismo problema: las bragas dificultaban las maniobras de Honorio con el calzador. La señora se levantó, las bajó hasta los pies y se sentó de nuevo, adelantando el culo hasta el borde de la silla, de tal forma que su ranura quedaba más al alcance de Honorio, que siguió penetrándola con el calzador.

La mujer, de improviso, echó la cabeza para atrás, y juntó las piernas para elevarlas después en un rápido movimiento y colocarlas sobre los hombros de Honorio, que notó en su nuca la pringosa humedad de las bragas de ella.

Pese a la escasa luz, Honorio tenía a un palmo de sus narices la raja de la mujer, con la vulva entreabierta y lujosamente lubricada, y ella hizo una especie de horca con sus pies en torno al cogote de él y, flexionando las piernas, le atraía con suaves y permanentes tirones, hacia sí.

—Chupe —dijo—. Meta la lengua hasta donde llegue.

Pero, a Honorio, aquella mujer se le antojaba una mandona, y a él no le gustaban las mujeres mandonas, así que volvió a meterle el calzador en el chocho, escarbando por las paredes del agujero, dando velocidad a su muñeca para que la señora se corriese de una maldita vez.

—Chupe, chupe, chúpemelo —ordenaba ella.

Como quien oye llover, Honorio continuó accionando con el calzador, recibiendo constantes golpes en la nuca, hasta que, por fin, ella se corrió poniendo perdido todo el asiento.

Honorio se libró de la tenaza de los pies de ella, y fue a echar un vistazo al exterior, temeroso de que toda la escena hubiera sido presenciada por alguien desde la calle. Pero no había nadie —al menos, en ese momento— frente al escaparate.

La señora se acercó a Honorio, cogió el faldón de su guardapolvo y se secó el pubis. Después se subió las bragas, se puso los pykys y los zapatos, se echó el impermeable sobre un brazo y fue a salir.

—Otro día —dijo—, volveré a hacer mis compras.

Honorio, anonadado, se percató del enorme lamparón que cubría el tapizado de la silla.

—Y ahora —dijo—, ¿con qué quito yo esa mancha?

La señora respondió:

—Pásele un algodón empapado en agua de colonia. Así se quita, también, el vino blanco.

Y se fue dando un portazo.

El domingo del coleccionista

La afición de Honorio por los sellos se había iniciado, hace algún tiempo, sin más ni más, a la vista de la considerable correspondencia —facturas, catálogos, impresos de propaganda y otras cartas— que recibía en la tienda.

Un día, quizá reparando en un sello con un motivo particularmente precioso, le dio por pensar que era una pena no guardar todo aquello, tirarlo directamente a la basura, y así, como por hacer algo, comenzó a reunir.

Como todo el que empieza en alguna clase de coleccionismo, corrió la voz entre su círculo de relaciones. La portera de su casa prometió vigilar las bolsas de desperdicios. Gregorio, el quiosquero, le conservaría sellos de la Argentina, donde tenía parientes muy próximos con los que se escribía, por lo menos, en Navidad. En la Panadería Berganza, hasta que Valeria dejó de estudiar, la niña se comprometió a distraer algunos de los ejemplares que sus compañeras llevaban para las misiones. Luciano, el camarero del Espronceda, era una mina, porque haciendo el campamento militar se había echado una novia en Vitoria, y un día sí y otro también, tenía carta. En el Restaurante Sepúlveda ponían voluntad, pero, por más que Honorio les decía, recortaban los sellos al buen tuntún, con el dentado echado a perder. El sacristán de San Miguel se emperraba en reservarle sólo sellos de natividades, epifanías, vírgenes y crucificados, y no había modo de que entendiera que una cosa es la afición y otra la devoción.

Total que, como quien no quiere la cosa, Honorio se había ido haciendo con su pequeña colección, al principio dispersa, sin especialización, y después, conforme el gusanillo le fue entrando, vagamente centrada en sellos conmemorativos. Honorio sólo reunía usados, los que le daban sus conocidos o cambiaba, los domingos, en la Plaza Moratín.

Pese a la insistencia de Venancio —que, en opinión de Honorio, era un hombre tan bueno y laborioso como lerdo—, había desechado la idea de juntar vitolas. Mil veces le recordaba Honorio que lo suyo eran los sellos, mil veces le traía Venancio vitolas de habanos, canarios o virginias.

Las esquelas y los sellos, los sellos y las esquelas, eran la ocupación habitual de Honorio en casa por las noches. Cuando terminaba de cenar en la cocina, se trasladaba con el transistor al comedor. Sacaba sus aparejos de los armarios y, sobre la gran mesa central, o sobre su bufete, desplegaba sus cajas, sus clasificadores y sus libretas.

Era entonces, a la luz del aparato o, mejor aún, de un flexo, cuando se embebía en el recorte de los sellos. Colocaba los timbres en un platillo de agua tibia con sal, para que así se fuera eliminando el pegamento y el sello se librara del papel adherido.

Tomaba con las pinzas los ejemplares planchados desde la noche anterior y los iba situando en las tiras de los clasificadores. Honorio era muy meticuloso y exigente, y rechazaba cualquier sello que hubiera quedado abarquillado a pesar del prensado, o adelgazado por una precipitada separación del papel, o, no digamos, todo sello que advirtiera disminuido en su dentado por cualquier circunstancia.

Honorio era un filatélico desinteresado y por libre. No pertenecía a ninguna sociedad ni perseguía fin comercial o afán de lucro con aquella actividad que, para él, era causa de simple entretenimiento, mera distracción, pretexto, a fin de cuentas, para tener reglamentados sus domingos con un indispensable recorrido por la Plaza Moratín, entre corros y corrillos, al sol del mediodía —si el clima así lo decretaba—, charlando con éste y con aquél, personas que conocía de vista, o sea, de encontrarse por allí con sus libretas bajo el brazo, curioseando por los tenderetes y, si acaso, compartiendo después en pequeños grupos unas cañitas y unos boquerones en los bares de alrededor.

En esos menesteres de ordenar y poner a punto sus pertenencias pasó Honorio la tarde del sábado, que cerraba la zapatería. Para merendar se sirvió unas sardinas en aceite, con clarete, tan estupendamente, sin nadie detrás, a su aire, poniendo la paciencia y los cinco sentidos en esa tarea solitaria, casi de naturalista.

El tiempo había mejorado, se habían hecho azules en el cielo, las nubes se habían concentrado en pequeños rebaños que un vientecillo inapreciable movía hacia otra parte, y todo parecía indicar que al día siguiente haría bueno.

Honorio se acordó de Luciano, y se lo imaginó en la barra del Espronceda comentando a todo el mundo que, si diera lugar a que el terreno de juego se secara, el partido de mañana estaría cantado, que el Bilbao no iba a meter bola, que no tenían nada que hacer, y que se fueran preparando porque podía haber goleada, vamos, que en la quiniela era un uno como hay Dios.

Tuvo ganas de llegarse hasta el bar para tomarse un cafetito y enredar, pero le entró pereza, tan bien como estaba en batín y zapatillas, y decidió reservarse para el lunes que, hubiere ido el partido como fuese, siempre tendría algo que decir, previa conversación, naturalmente, con Gregorio que, también ése, no sabía hablar de otra cosa que del balompié.

Después de la cena, Honorio se tomó una copa de mistela y puso a su alcance una cajita de yemas, terminando de organizar el material que había de llevar a la Plaza Moratín. En una pequeña libreta de hule —cortesía de Calzados Canguro, una firma muy detallista de San Sebastián—, tenía anotadas las referencias de los sellos que le interesaba obtener para completar series aún cojas. Allí consignaba los valores faciales de cada ejemplar, su color y motivo, así como su cotización comercial a precio de catálogo.

Si la mera observación de las operaciones ajenas y el puro ir y venir de las gentes entre los puestos le entretenían de por sí, Honorio también gustaba de no desaprovechar el tiempo, por lo que siempre acudía al mercadillo con algunos objetivos concretos, cuya consecución, por otra parte, no era para él decisiva.

Revisó los sellos repetidos, efectuando los añadidos correspondientes a la semana y asegurándose de su buen estado y presentación. Después guardó las cosas en un portafolios de piel negra con cremallera y lo dejó sobre la consolita del recibidor.

En las vísperas de festivos —al no tener que madrugar—, Honorio se llevaba alguna lectura a la cama y permanecía leyendo hasta horas avanzadas. Leía ahora por enésima vez «La importancia de llamarse Ernesto», de Oscar Wilde, su auténtico libro de cabecera, del que se sabía de corrido pasajes enteros y en cuyas ingeniosas frases encontraba siempre un nuevo motivo de risa y divertimento.

Ya cerca de las dos, se levantó para orinar, comprobó si los grifos de toda la casa estaban bien cerrados y la llave de la puerta echada, y volvió a su cuarto.

Desde la ventana, echó una ojeada al patio y abrió la boca en tan gran bostezo que parecía querer tragar la luna como si fuera una aspirina caída del cielo.

El domingo amaneció espléndido, el clásico día otoñal, despejado, soleado, azulísimo, algo fresco de por de mañana, pero luego cálido, e incluso picante, hacia el mediodía, que sobra el abrigo. Uno de esos días que arrastran a los viejos hacia los rincones resguardados, asegurándoles una prórroga frente a los destrozos de los achaques. Uno de esos días, por lo demás, propicio para contraer gripes y catarros por quitarse alegremente demasiada ropa, exponerse sin prudencia al sol y someter el cuerpo a un contraste excesivamente brusco con la frialdad de las jornadas anteriores.

Con su portafolios bajo el brazo y el proyecto de pasar el tiempo según se dieran las circunstancias, Honorio abordó, a dos pasos de su casa, el autobús 27, que en diez minutos le dejaba en la Plaza Moratín. Sentado en asiento de ventanilla, Honorio seguía como desde una silla de pista el movido espectáculo de la ciudad endomingada.

Ante sus ojos desfilaban las buenas familias, saliendo de los pórticos y descendiendo de las escalinatas de las iglesias, trajeados los hombres sobre sus blancas camisas, erectas las mujeres sobre los lujos festivos del tacón y los charoles, repeinados los niños con rayas rectísimas y melenas cepilladas hasta el límite de su elasticidad.

Familias reconciliadas bajo las palomas de los campanarios, enfilando avenidas donde encontrar más familias felices en el cumplimiento del descanso rutinario y del precepto religioso; buscando parques donde distraer a la prole entre cisnes y pavos reales; aproximándose a quioscos donde adquirir prensa, quizás el único periódico de la semana, la colorista revista rebosante de principescas mansiones, ajenas desavenencias conyugales, intolerables —aunque entretenidos— lances amatorios tristemente ilegítimos y avasalladoras relaciones de noviazgos efímeros y rupturas dolorosas, algún bélico tebeo para el nene y alguna historia rosa para la nena; guardando cola en el interior de concurridas pastelerías donde comprar los dulces que azucaran el sopor de la sobremesa y adentrándose en bares y marisquerías donde saborear brevemente la rumbosa excepcionalidad del domingo entre gambas rebozadas y tartaletas de ensaladilla rusa.

La sana alegría y el comedido derroche del séptimo día, tras una semana frente a las sartenes, las mesas de despacho y los pupitres rayados. Una merecida expansión hilvanada al ligero deber de seguir cotizando media hora —si el sermón no se alarga— a la seguridad celestial de la vida eterna.

La Plaza Moratín estaba animadísima. Lindante por uno de los cuatro costados con el Bulevar General Ortuño, que la abría a un tráfico tupido, se protegía por los tres restantes con antiguas casas de cuatro alturas, refulgentes de miradores y adornadas con balconcillos abundantes en macetas. Cuatro rectángulos de césped ajardinado —donde florecían largas filas de tulipanes— flanqueaban el amplio cuadrilátero central. Justo en el medio de la Plaza, rodeadas de una barandilla circular, se erguían molestándose las unas a las otras media docena de palmeras, en cuyo subsuelo se habían acondicionado unos urinarios públicos.

Crecían magnolios en los extremos de los parterres, dando sombra a algunos de los muchos banquitos de madera desperdigados sobre el piso terroso que los empleados del municipio mantenían regado para que no se levantaran polvaredas. En un rincón interior del cuadrángulo, había un quiosco de bebidas y refrescos rodeado de sillas y mesitas.

Sin duda por las palmeras —cuya salud no era precisamente óptima—, la Plaza Moratín tenía un indefinido aire mediterráneo, una acogedora sugerencia levantina que reclamaba a niños y jubilados entre semana y convocaba a los filatélicos en los festivos. Allí, entre los bancos, los aficionados y los mercaderes desplegaban sus tenderetes y maletas, traficaban con sellos y rumores, e intercambiaban informaciones y pronósticos desde el mediodía a la hora de comer.

Honorio comenzó su recorrido por los puestos con la tranquilidad de costumbre. Se acercaba a un grupito, se pegaba a una espalda, adelantaba la barbilla y situaba la oreja en dirección al que hablaba. Le gustaba eso, oír las conversaciones, el chalaneo, el regateo de precios, y sólo cuando pescaba al vuelo alguna alusión de su interés metía baza, se abría paso en el corrillo y trataba de sacar algo en limpio.

En una de éstas, oyó que una señora preguntaba a un vendedor —uno de esos propietarios de una tienducha mitad papelería, mitad bazar filatélico— por ejemplares de la serie emitida con ocasión del Año Santo Compostelano de 1965, compuesta por sólo dos sellos de una y dos pesetas de valor facial.

El comerciante no disponía de ninguno, mientras que Honorio los tenía archirrepetidos debido a la ya mencionada insistencia del sacristán de San Miguel en reservarle sellos con motivos religiosos.

—Señora —se ofreció Honorio—, yo podría proporcionarle los sellos que apetece.

La mujer se volvió hacia Honorio que ya abría el portafolios en busca de su clasificador.

—Me faltan los dos valores —dijo ella en tono de advertencia.

—Dispongo de ambos, señora, y en buenas condiciones.

—Ah —dijo ella con desengaño—, pero es que no compro. Solo cambio.

—Lo mismo hago yo, no se inquiete. Me refería a buenas condiciones de conservación.

Honorio y la dama, en el curso de este pequeño diálogo, habían reculado del corrillo hasta hacer un aparte. Mientras Honorio sujetaba entre las manos su libreta, la señora había sacado las lentes de su bolso y observaba los ejemplares que Honorio le mostraba encajados en las tirillas.

—¿Tendré yo algo que le pueda ser de utilidad a usted? —preguntó ella no sin preocupación.

—Ahora veremos —respondió Honorio—. Si le parece podemos sentarnos en el quiosco y ver el asunto con detenimiento.

Ocuparon una mesa que por suerte quedaba libre. Solicitaron del camarero una caña y una quina, así como unas aceitunas rellenas, y ambos extendieron sus libretas sobre los verdes tablones.

Doña María —así se presentó la señora— llevaba los sellos en unas libretitas del tamaño de una agenda, sujetas por unas gomas. Dio el visto bueno a dos ejemplares que Honorio le enseñó, éste también encontró otros dos que le faltaban y llegaron a un acuerdo de inmediato.

—Pues fíjese usted lo que son las cosas —comentaba ella bebiendo un traguito de quina—, mi marido, que en paz descanse, y yo estuvimos en Santiago por lo del jubileo, pero, ya ve, nos volvimos sin los sellos. ¿Conoce usted Compostela?

—No, señora. Soy de poco viajar.

—Pues es digna de verse. Ya habrá visto lo del botafumeiro en los reportajes, ¿sabe lo que le digo?

—Sí, parece mentira que no se caiga, ¿verdad?

—Es que son años de hacerlo, le tienen cogido el truco muy bien, pero impresiona, ¿eh?, mismamente crees que se te va a venir encima.

—Está muy comprobado.

—¡Toma, no! —doña María hizo una pausa para zamparse una aceituna—. Así que a usted no le gusta viajar, pues yo no paro, sobre todo desde la muerte de mi marido. Unas cuantas viudas cristianas viajamos mucho con los jesuitas, en esas excursiones organizadas, ¿sabe?, que salen muy bien de precio y se pasa estupendamente. Ahora poco hemos vuelto de Roma, de ver al Papa, fue muy emocionante.

—¿Les recibió en audiencia? —se interesó Honorio.

—No, no, le vimos en el balcón, desde la Plaza de San Pedro. Hubo un momento en que, haciendo él así con la mano, saludó a nuestro grupo. Alguien le habría dicho que estábamos allí, y como este Papa tiene tanto amor a España, pues tuvo una deferencia.

Y cuando imitó con la mano el gesto de saludo, a doña María se le descolgaron de la muñeca hacia el codo una ristra de pulseras. Era una mujer gorda, realmente obesa, con uno de esos cuerpos de cuba donde no se distingue la cintura y donde los pechos y las posaderas hacen el mismo bulto con el resto del organismo. Su cabeza era enorme, cuadrada, con una melena corta y lacia repartida idénticamente a ambos lados de una bien tirada raya central. De cejas muy despobladas, su rostro tenía la pálida insipidez del tubérculo tempranero, siendo dignos de mención sus párpados —desproporcionados respecto a la insignificancia de los ojos— y la mínima anchura de sus labios.

—Pues ya le digo, lo que son las cosas, fue mi pobre marido quien empezó con esto de los sellos, que yo encontraba una tontería, un matarratos. Yo le solía decir: «Menuda afición más boba te has buscado, todo el santo día con esos papeles que no te han de servir para nada. Si, al menos, te diera por las monedas antiguas». Porque, claro, yo pensaba que las monedas antiguas, ¿sabe lo que le digo?, que eran de cobre, o de oro, o de plata, pues luego habrían de tener algún valor. O siempre se revalorizarían, pero los sellos, pschhh, para nada.

«Y ya ve, ahora, aquí me tiene a mí, siguiendo la colección, porque mi marido hizo una colección digna de consideración, que me la han querido comprar más de una vez, pero yo, así me aspen, que no la vendo. Por el recuerdo, ¿me comprende?

—Naturalmente.

Honorio y doña María fueron haciendo buenas migas, mientras la Plaza Moratín se aligeraba de gente conforme la hora de la comida se echaba encima. Los puestos habían ido desapareciendo, dejando un rastro de colillas pisoteadas y paquetes de tabaco estrujados. Al cesar el murmullo de los corrillos, era más patente el ruido de la circulación y las pedorretas del autobús al hacer sus paradas y salidas en el otro extremo de la plaza.

A la primera consumición habían seguido otras, y doña María y Honorio habían probado de casi todo —siempre una caña para él, una quina para ella— sin enterarse del paso de los minutos: anchoíllas, berberechos, patatas fritas, boquerones y algo de pulpo.

—Se ha hecho tardísimo —observó Honorio echando un vistazo a su reloj—. Tendrá usted planes que hacer y ha de ser cosa de retirarse. En alguna ocasión, si usted no tuviera reparo, me gustaría contemplar su meritoria colección de sellos.

—Uy, pues es verdad, ¡si son casi las tres! No tengo ninguna obligación y, si usted me acompaña a mi domicilio, gustosamente le enseñaré ahora mismo mis álbumes —dijo ella.

—Por mí, encantado. Tal vez usted desee comer alguna otra cosa de mayor fundamento...

—En absoluto. Yo, desde luego, me he empapuzado de lo lindo, y mi silueta —dijo doña María pasándose las palmas por su inexistente talle— puede y debe aguantar superiores ayunos.

Y soltó una carcajada inclinándose hacia atrás hasta desvelar el paladar.

—Si usted —continuó ella— no desea picar alguna otra cosita, podemos ir ya hacia mi casa. Antes, si no le importa, me gustaría ir un momento al servicio. Tengo una necesidad.

—Aquí mismo la aguardo —Honorio hizo galante ademán de levantarse, mientras ella se alejaba con su bolso hacia los mingitorios.

De vuelta, al rato, doña María protestó porque Honorio hubiera pagado los aperitivos.

—Es un placer para mí el convidarla, señora.

—Confío en que aceptará que le invite yo a lo que se le ofrezca en mi casa, ¡y arda Bayona! —dijo ella con gran contento, como quien se dispone de buen grado a efectuar sin cálculo algún derroche o práctica inaudita que cree merecer.

Honorio se percató al instante de que doña María se había acicalado en los lavabos, se había peinado y echado colonia, llevaba los labios repintados y se había dado color a los ojos, un morado muy similar al de cierta clase de cebollas. Nada de todo ello aumentaba su atractivo, pero, evidentemente, revelaba una voluntad, con toda probabilidad irreflexiva, de atraer.

En casa de doña María, Honorio disfrutó largo rato con la efectivamente muy valiosa colección de sellos, que ella comenzó a mostrarle como si fueran fotografías familiares, evocando las circunstancias en que fueron adquiridos, relacionándolos con hogareños momentos de su vida matrimonial, ponderando los ejemplares que, a juicio de su difunto esposo, tenían mayor interés.

—Por éste de aquí —señalaba ella con la uña—, le quisieron dar una vez cinco mil pesetas. «Mira, María —me dijo él—, si hoy me quieren dar a mí cinco billetes, dentro de nada te darán a ti siete o, si te descuidas, diez. Así que no lo suelto». El pensaba por mí, porque entonces, de cuando le hablo, él ya estaba muy delicado de salud y sabía que no le quedaba ni un corte de pelo, ¿me comprende?

Honorio y doña María estaban sentados en un sofá, y repasaban los álbumes sobre una mesita baja colocada delante. Poco a poco los comentarios de ella se fueron espaciando y, sin que Honorio acertara a impedirlo, doña María se fue retirando hacia un lado, terminando por dormitar entre ronquidos largos como alarmas. En una de esas cabezadas, fue a caer sobre un hombro de Honorio y se despertó.

—Uy, por Dios, qué boba, ¡si me estoy quedando frita! —dijo restregándose los ojos—. Ya dirá usted, lo invito a mi casa y me quedo avellanada.

—No se preocupe. Quizás es que usted tiene por costumbre acostarse a estas horas, y el cuerpo le pide su ración de sueño. Es normal —apostilló, comprensivo y educado, Honorio.

—Pues sí, mire, de ordinario, después de recoger la mesa y fregar los cuatro cacharros, suelo acostarme hasta media tarde. ¡Como tengo todo el día para mí sola!, ¿sabe lo que le digo?

—Por mí no se prive. Haga usted su siesta y, si lo desea, puedo acompañarla. Se lo digo, claro es, sin compromiso.

—Pero si usted no tiene costumbre, igual le cae mal. A mucha gente —explicó doña María— le caen fatal las siestas, les perjudican la digestión, sudan malamente y, luego, tienen la cabeza sobrecargada.

—Nunca me ha ocurrido, pese a no tener hábito —dijo Honorio convencido.

—¿De verdad de la buena? —preguntó doña María.

—Créame. De lo contrario, se lo diría.

Y se fueron a acostar.

El dormitorio de doña María era como un museo diocesano. Sobre un aplastante empapelado había, claveteados y en repisas, multitud de cuadros y figurillas. La enorme cama de matrimonio churrigueresca, flanqueada por dos mesillas repletas de fotografías, frascos de medicinas, vírgenes policromadas de tamaños diversos, cajitas y cofrecillos, estaba presidida por un descomunal Santo Cristo.

En marcos dorados, plateados y de madera se expandían por doquier multitud de retratos, pertenecientes, por las pintas, a los padres y abuelos de doña María y de su fallecido esposo, personas fotografiadas preferentemente en trajes de primera comunión y de boda, fotos hechas en estudio junto a jarrones, columnas cubiertas de espumosos mantelillos y fondos de arabescos claroscuros.

Mientras doña María se ponía el camisón, reparó en que Honorio, entre las sábanas, observaba a una pareja de baturros, sobre una peana, inmovilizados en airosa pose jotera.

—Es que mi marido —se apresuró a explicar— era de Zaragoza, y muy partidario de todo lo de su tierra, ¿sabe lo que le digo?

—Es de admirar la gente que no renuncia a sus raíces —sentenció Honorio.

Juntos en el lecho —desnudo él—, doña María empezó a juguetear con el pene de Honorio, apretándolo suavemente con sus dedos en ritmo sincopado de precisa regularidad. El pito de Honorio engordó con prontitud.

—A mi marido le gustaba mucho que se lo hiciera, y yo, como no me costaba nada, lo complacía —dijo ella en un suspiro profundo de nostalgia.

—Haga usted cuanto guste, doña María, soy feliz de poder ofrecerle la recapitulación de cuantos placeres legítimos obtuvo usted de su compromiso marital.

Ella replicó.

—Verá usted, Honorio, sin embargo, mi marido nunca me dio un capricho que yo, no sé por qué, tenía chirrinta y curiosidad por satisfacer.

—Diga usted, señora.

—Verá, mi marido, que era muy hombre, muy él, muy de pura cepa, opinaba que ciertas cosas que el vínculo pone al alcance de los esposos no eran pertinentes en su caso, ¿sabe lo que le digo?, que para un macho no eran de recibo, ¿me comprende?

—Si se explica... —Honorio no caía.

—Sí, pues que hay cosas que un hombre no debe hacer a una mujer porque son más propias de invertidos, de antinaturas. El decía, muy gracioso, de barbilindos. O sea, que nunca me hizo aprecio por el tras.

—¿Se refiere, señora, a que nunca la poseyó por el reverso? —preguntó Honorio con algún asombro.

—A eso iba, sí.

—Ah, caramba. Verá, a fuer de sincero, he de manifestarle que comparto en buena medida el criterio de su esposo. Pero no tengo inconveniente en darle a usted tal capricho, tanto más cuanto me he ofrecido por propio gusto a seguir sus designios.

Ella se azoró un poquito.

—Si a usted le violenta, Honorio, no lo haga por mí, que puedo pasar sin conocer lo que tanto tiempo me ha sido vedado —aseguró con convicción.

—No, doña María, si a mí no me violenta. Pudiera ocurrir, y deseo que esté usted al cabo, que puestos a ello sea usted la violentada.

—¡Por probar!

—Probemos.

Honorio, que no era muy ducho en tal disciplina, indicó a doña María que se despojara de su camisón —un bonito modelo en batista color manteca— y que se colocara de rodillas, con el culo alzado al máximo. Honorio se situó, igualmente arrodillado, por detrás, se cogió el miembro con las manos y abrió paso hacia el orificio posterior de la señora.

No bien Honorio intentó endosarle el pito, doña María comenzó a gemir débilmente.

—Uy, uy, uy, uy.

Honorio se retiró y preguntó:

—¿Le hago daño?

—Un poco, sí —concedió ella.

—Es lo normal la primera vez —la tranquilizó él—. Lo intentaremos de nuevo.

Doña María basculó los glúteos como tratando de encontrar intuitivamente una posición más propicia. Honorio hizo saliva, refrotó el ojete de la señora y volvió a situar su mascarón en la abertura. Y acometió la empresa de vuelta.

—Uy, uy, uy, uy —volvió a quejarse ella.

Y él retrocedió, apoyando su trasero en los talones y haciendo con las manos un gesto de impotencia.

—Verá, doña María, su esfínter no está hecho a tal operación, no está dado de sí. Habrá que recurrir a alguna suerte de artificio.

—¿Como qué? —inquirió ella asustada.

—No tema. Lo oportuno sería lubricar la zona con alguna sustancia grasa que facilitara la penetración. ¿Tiene usted mantequilla en la cocina?

Doña María, que no modificaba su postura a cuatro patas y dialogaba con Honorio con la cabeza entornada hacia atrás, dijo que no.

—No gasto mantequilla, ni margarinas, porque engordan, ¿sabe lo que le digo?

—Ya.

—¿Daría lo mismo —ella había pescado la idea— «gel» de baño?

—Serviría, pero es que el «gel» es un producto bastante abrasivo, y nos dejaría escocidos tanto a usted como a mí. No es aconsejable.

Ella siguió cavilando.

—¿Y crema hidratante? Lo que es bueno para el cutis, ya que lo suaviza y purifica, no ha de ser contraproducente para el pompis y tampoco, creo yo, para su pitilín.

—A ver, traiga usted, puede que dé resultado.

—Voy a buscar un tarrito. Usted quédese como está y cierre los ojos, que me da apuro que me vea toda en porretas —dijo ella con coqueto pudor.

Honorio cerró los ojos, recibió un beso corto en los labios, una caricia en el pelo, rugió el somier y el colchón se elevó aligerando el peso de doña María, que salió de la habitación a saltitos. A los pocos segundos, otro traqueteo anunció a Honorio que doña María había retornado a su lugar. Sobre la cama, un tarrito de crema hidratante.

—¿Ya?

—Sí, ya.

Y Honorio vio a Doña María en posición de faena, inmóvil, esperando acontecimientos. Honorio destapó el poto, se embadurnó generosamente el pene y untó profusamente el ano de la señora, introduciéndole con el dedo meñique un poco de crema en el recto. Decidido a ir a por todas, a jugársela, arremetió sin aviso contra doña María y el miembro penetró con autoridad.

—Ahora sí, ahora sí —resoplaba ella con entrecortado deleite.— ¡Esta sí que es buena! ¡Qué gusto, qué gusto! Siga, que va bien, siga, siga, siga.

Honorio entraba y salía, se paraba y se revolvía, rebuscaba y giraba, alternando los movimientos lentos con bruscas sacudidas que erizaban las amorcilladas gorduras de doña María. Ella gritaba sin reparo, dando manotazos a diestro y siniestro, haciendo rodar por el suelo sulfamidas y portarretratos, estampas y cajas de música, lamparitas y pastilleros.

—¡Es el no va más!, ¡es el no va más! —proclamaba.

Y Honorio, a mil por hora.

—¡Es el acabóse! —exhaló ella.

Fue lo último que dijo antes de correrse con el culo a media altura, caliente y colorado de placer y vergüenza. Y así mismo se quedó dormida. Como un bebé en una cuna.

El incidente

La portera refrotaba con singular energía, impropia de su exigua envergadura, los cristales de la puerta de la casa. En zapatillas, subida a un taburete, no paraba de restregar el vidrio con un paño empapado en algo, dibujando remolinos vagamente violáceos al trasluz.

—Como siga usted así, doña Sabina —le dijo Honorio son sorna—, va a hacer un boquete en la puerta.

—¿Un boquete? Ya, ya. Si no fuera por mí, no se vería ni la calle, que todo el mundo planta aquí sus dedazos y pone el cristal hecho una pena —se quejó la mujer.

—Usted exagera. ¿Quién puede llegar hasta ahí arriba? Cualquier día se va a caer usted y se va a partir la crisma —le advirtió Honorio en un tono que no denotaba excesiva preocupación.

—La crisma le partiría yo a más de un guarro —replicó la portera—, que nadie se preocupa de tener limpio lo de todos. Seguro que en sus casas se andan con más miramiento.

—Mujer, no se ponga usted así, que la gente no ensucia a posta.

—¡Sólo faltaría!, ¡no te digo! La gente ensucia porque no hay educación y porque nadie mira por los demás. Tanto empeñarse en arreglar el portal, y total para nada, para darle más trabajo a una.

Mejor estábamos con el viejo portón de madera, que no se le notaban los dedos.

—Y que había que andar pintando cada dos por tres —argumentó Honorio.

—Pues yo no sé qué es peor —dijo la portera volviendo a la tarea, empinándose sobre los tobillos para alcanzar la máxima altura. La bata se le subió para arriba y dejó al aire, por encima de las medias grises de lana, un trozo de sus blancuzcas piernillas.

Los vecinos se habían decidido, hacía poco, a arreglar el portal de la finca. Habían sustituido el vetusto portón por una de esas puertas metálicas y acristaladas. Habían repintado de blanco los techos del portal y colocado un terrazo negro con irisaciones verdosas en suelos y paredes. Metida en obras, la comunidad había puesto también portero automático.

Al principio, en las juntas, casi nadie estaba por las reformas. La comunidad, integrada por gente de edad, pensionistas en su mayoría, era poco amiga de gastar dineros en tonto —según decían—, pero otros inquilinos consiguieron sacar adelante las mejoras por poco precio, y ahora todo el mundo —menos la portera— estaba satisfecho con el cambio por considerar que daba mayor elegancia y categoría a la casa. Para otra ocasión habían quedado el necesario acondicionamiento de las escaleras y la sustitución del ascensor.

Honorio se despidió de doña Sabina —que estaba a punto de subirse, literalmente, por las paredes para consumar la limpieza de los techos—, y se fue hacia el quiosco de Gregorio.

—¿Ya se ha enterado? —le espetó el quiosquero—. ¡Diez partidos a Fedal!

—¿Y eso es mucho? —preguntó Honorio con sincero ánimo de enterarse.

—¿Mucho? —a Gregorio se le saltaban los ojos de furia—. ¡Es una canallada!

Desde el domingo no se hablaba de otra cosa. Al parecer, en el último partido, un tal Fedal había protagonizado una entrada conflictiva a un delantero visitante. El jugador agredido tuvo que ser retirado del terreno de juego en camilla, y el árbitro decretó fulminantemente la expulsión del agresor. En el campo se armó un gorigori de padre y muy señor mío. Hubo lanzamiento de almohadillas y otros objetos contundentes. La fuerza pública tuvo que evitar la invasión del césped por grupos de exaltados que, encaramados a las vallas de protección, hacían mención de irse hacia el colegiado con intenciones indudablemente violentas. El juego quedó interrumpido durante varios minutos, y el delegado de campo fue advertido por el director de la contienda que, caso de continuar el tumulto, se vería obligado a suspender el *match*. Se pidió por la megafonía del estadio tranquilidad y compostura, reanudándose el partido en un clima de excitación, pero sin posteriores percances. Lo malo fue que no se pudo ganar al Athlétic y, al cumplirse el tiempo reglamentario, se reprodujo el griterío y la algarada, volaron por los aires las pocas almohadillas que aún quedaban en las gradas, el árbitro tuvo que ser protegido por los guardias y la indignación se extendió por la ciudad.

Todo esto lo sabía ya Honorio —contado con matices más vehementes— por Gregorio y por Luciano que, lunes y martes, le habían puesto al corriente de lo ocurrido con un ímpetu que Honorio adivinaba poco acorde a razón. La cosa estaba en si el jugador local, el dicho Fedal, sería sancionado por el Comité de Competición con rigor, y era tal extremo el que se acababa de conocer.

—¡Diez partidos!, ¡diez partidos por la cara! —rugía Gregorio.

—Hombre, por la cara no, por la tibia del otro que está partida en dos, ¿no? —Honorio pretendía, ingenuo, objetivar la cuestión.

—¡Pero si no lo tocó, don Honorio, si no lo tocó! Mejor dicho, vamos a ver, tocarlo sí lo tocó —ahora era Gregorio el que parecía dar muestras de poner las cosas en su sitio—, desde luego que lo tocó, pero fue el clásico choque fortuito, sin intención, que se produce en una jugada de ataque, cuando el defensa no tiene más remedio que interceptar la penetración del delantero, ¿me comprende?

—Mire, Gregorio, le comprendo, le comprendo perfectamente, entre otras cosas, porque ya me lo ha explicado diez veces, pero yo sólo le digo a usted que el desafortunado delantero, según me dijo usted el mismo lunes, está en la cama para dos meses. De alguien será la culpa, ¿no?

—Hombre, no te jode, son cosas del fútbol, que es un deporte duro. Allí lo que hubo fue un choque violento, lo reconozco, pero Fedal entró como hay que entrar, a por el balón —Gregorio lo decía muy convencido.

—Entró a por el balón y se encontró con la pierna del otro, ¿no?

—Oiga, pues eso pasa mil veces. Ahora —Gregorio se recargaba de convencimiento—, de ahí a sancionar con diez encuentros a Fedal. ¡Eso es una chorizada! Es que no hay derecho, vamos.

—Precisamente, digo yo, lo que habrá hecho ese Comité será aplicar un Reglamento. Eso tiene que estar previsto, habrá algo legislado para estos casos, ¿no?

—El Comité aplica el reglamento según le viene en gana a su santa madre. ¡Nos ha jodido!

Honorio decidió que la discusión no tenía visos de clarificarse. Los dos días anteriores, tanto Gregorio como Luciano le habían machacado con los mismos argumentos, ya que, según los indicios, se olían la tostada, o sea, un serio correctivo para el dichoso Fedal por parte del Comité. A Honorio todo el bollo se le daba una higa, porque el fútbol le traía al fresco, así que optó por cortar por lo sano. Al menos aquella mañana.

—Bueno, Gregorio, déme la prensa —pidió Honorio buscando monedas en los bolsillos de su americana—, y dejemos de una vez esta controversia, que ni a usted ni a mí nos va a hacer nadie caso.

Gregorio le apartó un ejemplar de cada uno de los montones, le cobró y le dio las vueltas.

—Ahora bien, esto no va a quedar así —amenazó Gregorio flameando el dedo índice de su mano derecha—, ¡recurriremos!

Y señalando los periódicos que ya sostenía Honorio añadió:

—El presidente lo ha dicho muy claro a la prensa: ¡recurriremos!

—Recurran ustedes, recurran, y, por mí, ojalá les tomen en consideración —Honorio ya se alejaba—. Hale, buenos días.

Honorio iba apurado de tiempo. Se había entretenido más de lo debido con la portera y con Gregorio, y debía hacer unas compras en la carnicería y en el ultramarinos antes de abrir la zapatería. Sin pasar por la panadería Berganza, se fue derecho a hacer sus recados y, luego, se dirigió al Café Bar Espronceda.

Justo cuando abría la puerta del establecimiento, se percató del nuevo chorreo que le aguardaba. Pero ya no tenía remedio. Luciano le hacía ostensibles señas, desde el otro lado de la barra, para que se aproximara.

—¡Diez partidos, don Honorio, diez partidos para Fedal! —vociferaba Luciano con los brazos en alto.

—Pero van a recurrir, ¿no?, pues se arreglará y en paz. Ande, póngame un café con leche a toda prisa, que me pilla el toro.

Luciano se volvió hacia la cafetera, accionando el aparato con un ímpetu tal que hacía temer que el artefacto se descuajeringara en uno de los envites.

—¡Por supuesto que recurriremos! —gritaba Luciano estrellando el culo del vaso bajo el chorrito del café—. Pero no nos harán ni pajolero caso, porque son todos unos sinvergüenzas.

Tenía unas trazas un tanto cómicas, Luciano, con su chaquetilla blanca, corta de mangas y rugosa, estrecha de cintura, con el segundo botoncillo a punto de salir disparado, y con esos pelos rizados, tan morenos, escurriéndose aceitosamente hacia unas gafas de fúnebre montura y caracoleando, por las patillas, sobre una barba que siempre parecía de dos días.

—Oiga, y póngame un suizo o lo que tenga, que hoy no he tenido tiempo de parar en la panadería —pidió Honorio.

Luciano le sirvió el pedido y, aupándose sobre el mostrador, le susurró confidencialmente.

—Sé de buena tinta que todo estaba apañado. El árbitro ése es un pringado.

—¡Qué mal perder tienen! —le reprochó Honorio.

—Un momento, que perder no perdimos —precisó Luciano con amor propio herido—. Fue un empate, y basta.

—Lo digo por la sanción —aclaró Honorio.

Luciano volvió a encaramarse al mostrador, buscando el oído de Honorio. La confesión que se avecinaba se presentaba como confidencia no por falta de ganas de soltarla a los cuatro vientos, sino para hacer valer ante Honorio la posesión de una revelación en exclusiva.

—Un primo mío lo vio todo.

—¿Vio qué?

—Todo. Un primo mío, que trabaja de camarero en la cafetería del Hotel Avenida, vio todo, y va a escribir una carta a la prensa contando todo lo que vio.

Honorio, así las cosas, estaba obligado a interesarse, si bien es verdad que Luciano estaba dispuesto a contar todo por más desdén que pudiera mostrar el zapatero.

—Mi primo vio, la víspera del partido, por la noche, cómo el árbitro hablaba con mucho misterio, en la cafetería del Hotel Avenida, con un señor que llevaba un maletín. ¿Qué le parece?

—Pues que eso no prueba nada. La gente es muy dueña de hablar con personas que lleven un maletín —para Honorio el dato, como es lógico, carecía de significación.

—Hombre, hombre. No me venga con ésas —Luciano, desde luego, era todo certeza—, al árbitro ése lo untó bien el fulano del maletín, donde precisamente llevaba la pasta, ¿entiende?, la pasta del soborno.

Y, al decir lo del soborno, Luciano le arreó un puñetazo al mármol.

—Pero Luciano, por Dios, ¿vio su primo, al menos, si el árbitro se quedó con el maletín? —preguntó Honorio con tibio estilo detectivesco.

—No, eso no lo pudo ver, porque había clientes en la cafetería y no podía estar pendiente del par de tunantes. Cuando les quiso poner otra vez el ojo encima, ya se habían ido. De todas formas, está clarísimo. ¿O no está clarísimo?

—Pues no.

Honorio terminó el desayuno y abonó su importe en un solo acto. Y se despidió. Luciano le retuvo un instante.

—Perdone que le pregunte: ¿usted, por un casual, no será del Bilbao?

—Yo, Luciano, majo, por un casual, no soy de nadie. Yo, lo que ustedes digan. Sólo que, a mi entender, les ciega la pasión. La afición les nubla las entendederas. A mí, la cosa me da igual, porque el fútbol no me dice nada, pero, como son ustedes amigos, pues unas veces me entretengo en chincharles y otras, cuando se pasan de la raya, trato de llevarlos al justo término. Y no es más.

Honorio había intentado sentar las bases para que, por un lado, sus amigos no sospecharan hostilidad de su parte y, por otro, para que, manifestado su escaso apego tanto al deporte en sí, como a la polémica que frecuentemente suscita, no le marearan demasiado en lo sucesivo.

Luciano, por desgracia, no se dio por enterado.

—Pues yo me fío de mi primo —dijo a modo de despedida, mientras Honorio salía ya del café.

A última hora de la tarde, sonriente, apareció por la tienda Valeria. Venía, de paso de la academia, a interesarse por Honorio. Su madre se había extrañado de no sentirle en la panadería por la mañana, y enviaba a la chiquilla para averiguar si Honorio estaba bien, no fuera que se hubiera cogido una gripe con tanto cambio de sol a lluvia.

—Estoy divinamente, Valeria, ya le puedes decir a tu madre. Hay que ver, qué atenta. Esta mañana se me hizo tarde, y no pude pasar por la panadería.

Honorio la invitó a sentarse y esperarle mientras terminaba de recoger unas cajas. La chica dejó sobre el mostrador sus libretas de apuntes y se quitó el chaquetón, una prenda un poco basta que, por las trazas, parecía proceder de un abrigo de su madre cortado y vuelto del revés.

Sentada junto al mueble de exposición, Valeria se puso a pensar en el tiempo que hacía que no entraba en Calzados Sigüenza. Cuando era más pequeña su madre siempre le compraba el calzado en la tienda de Honorio, pero, desde que se había hecho una pollita, tenía gustos más modernistas y arrastraba a su madre hacia zapaterías más céntricas, donde disponían de modelos «último grito», como los que llevaban sus amigas.

Recordó aquellas tardes de invierno, grises, lluviosas y frías, cuando su madre la llevaba a comprar calzado de agua, esos zapatones con suela de goma destinados a durar varias temporadas. Se veía a sí misma muy abrigada, con capotita para mantener calientes las orejas, con bufanda de lana para no resfriarse la garganta y con manoplas de punto, seguramente hechas en casa por su madre.

Don Honorio solía tener un tarrito con caramelos de naranja y de limón que ofrecía a la niña —después de hacer el paripé de preguntarle a su madre si era buena—, y ella le pedía calendarios de bolsillo para su colección. Los críos —más los niños que las niñas— reunían esos calendarios, propaganda de casas comerciales, se cambiaban los repetidos, como hacían con los cromos, y algunos los pegaban entre sí con papel de celo fabricándose largos acordeones desplegables de colores.

Observó Valeria el cuadro del gato con botas, con el que nunca había simpatizado pues era para ella un equivalente del hombre del saco, con esos ojos salidos de las órbitas, esos colmillos tan puntiagudos y esas uñas afiladísimas que podían desgarrar la piel suave de una niña con sólo rozarla.

—Nunca te gustó ese cuadro, ¿eh, Valeria? —le dijo don Honorio del regreso del almacén—. Tu madre, ¿lo recuerdas?, solía decirte que, si te portabas mal, un gato así te raptaría y te llevaría, junto a los ratoncillos, en su zurrón.

—Sí, ya me acuerdo.

—Entonces tú cogías la mano de tu madre, ponías carita de asustada, y tirabas de ella hacia la puerta deseando marcharte.

Honorio se llevó las manos a las caderas:

—¿Sabes qué vamos a hacer? Vamos a quitar ese cuadro de ahí. A mí tampoco me ha gustado nunca. Anda, ayúdame.

Pasaron a la rebotica y trajeron entre los dos la escalera de tijera. Honorio se subió y Valeria hacía como que la sujetaba. El cuadro salió de su escarpia sin dificultad.

—Ya está —dijo Honorio descendiendo—. Ahora yo llevo la escalera y tú transportas el cuadro. ¿Podrás?

—Sí, claro.

La chica abrió los brazos para abarcar la enorme litografía, y ambos volvieron a la trastienda, aparcando en un lugar cualquiera la escalera y apoyando el cuadro contra la pared en un rincón.

Valeria observaba con ojillos atónitos el sinfín de cajas, agrupadas en hileras de varios pisos, hasta casi el techo, que había en el pequeño almacén.

—Mira, ves, desde aquí hasta allá —le explicaba Honorio— están los de caballero, clasificados por números y modelos. Y en esta otra parte —la chica seguía con la mirada atenta—, los de señora. ¿Quieres probarte alguno?

La chica sonrió, se encogió ligeramente de hombros y dio un pequeño resoplido nasal que cabía interpretar como una tímida respuesta afirmativa.

—¿Con tacón o planos? —quiso saber Honorio.

—Con tacón —dijo la chica sin dudarlo.

—Vamos a estudiar cuáles te van a ir mejor con esa ropa que llevas —afirmó Honorio mirando a la muchacha de hito en hito.

Valeria llevaba un vestido de franelilla beige, salpicado con rosetones marrones, con cuello redondo y talle ceñido por un cinturón del mismo tejido.

—Tú debes de gastar el 35 —dijo Honorio echando un vistazo a los pies de Valeria mientras sacaba una caja de en medio de una pila—. A ver si te gustan éstos. Los llevan las chicas jóvenes como tú. Te sientas aquí y te los pruebas.

La chica se sentó en una silla, y Honorio extrajo de la caja un par de zapatos en piel crema, con sencillos adornos pespunteados y un tacón de lo menos cinco centímetros

Valeria se quitó unos gruesos calcetines que llevaba y puso sus botas junto a la silla. Honorio se arrodilló frente a ella y tomó su pie derecho para calzarle el zapato.

—Uf, pero si estás helada.

La chica permanecía sentada, con las dos manos aplastadas bajo sus muslos, y Honorio cogió sus pies y comenzó a masajearlos, acariciando los dedos uno por uno.

—¿Entras en calor? —se interesó Honorio.

Valeria sonrió afirmativamente, al tiempo que Honorio se acercó hacia su boca los pies de la muchacha, acariciándolos, besándolos suavemente y calentándolos con su aliento.

Al elevar las rodillas y encoger las piernas, el vestido de Valeria se había deslizado hacia su regazo. Honorio apoyó los pies de la chica sobre sus caderas, y comenzó a mimar con sus dedos los muslos de Valeria, tapizados de un fino vello rubio sólo perceptible por la sensibilidad de las yemas.

La chica reclinó su cabeza contra la pared, confiada y entregada a los cariños de Honorio. Este continuó acariciando con las palmas de sus manos el interior de los muslos de la muchacha y, finalmente, introdujo los dedos por debajo de las gomitas de sus bragas blancas que tenían el bordecillo silueteado de hilo azul, rozando ya los cortos y duros pelillos de su pubis, recorriendo circularmente los lindes de esa zona más templada y protegida, pasando, por fin, furtivamente, por la hendidura de la chica que tragó saliva, respiró intensamente y dejó salir la punta de su lengua. Las bragas de Valeria se mojaron con una minúscula gotita.

En ese momento, se oyó la campanilla, anunciando la entrada en el comercio de algún cliente. Honorio se incorporó y advirtió con una voz que salía al instante.

—A ver, Valeria —dijo Honorio— ponte los zapatos y da una vuelta para que yo te vea.

La chica se los puso con rapidez, cruzando sucesivamente una pierna sobre la otra, y se levantó. Los tacones la volvían altísima, espigaban su figura aún más y, por falta de costumbre, la hacían tambalearse al andar.

—¿Te gustan, Valeria? —preguntó Honorio en tono obsequioso.

La muchacha juntó sus pies, aplastó el faldón de su vestido contra sus rodillas, inclinándose un poco para observar las punteras, y dirigiendo después su mirada —brillante y abierta— a los ojos de Honorio, dijo:

—Son preciosos.

El zapatero le indicó que lo esperara y que podía probarse cuantos modelos fueran de su agrado, y salió para atender a su clientela. Dos mujeres y un niño aguardaban refitoleando los escaparates desde el interior.

Las mujeres, la madre y la tía del pequeño, venían a comprarle zapatillas de estar por casa y unas botas resistentes para el colegio.

—Que sean fuertes y recias —dijo la que parecía ser su madre—, que este crío destroza el calzado en cuatro días.

No fue sencillo dar con el género deseado, ya que la madre y el chaval no tenían las mismas preferencias. El crío quería unas botas iguales a las de un amigo suyo, pero no acertaba a explicarse con claridad, de tal modo que Honorio tuvo que hacer varios viajes a la trastienda hasta dar con el tipo que encaprichaba al chiquillo. Entonces la madre preguntó el precio y, al saberlo, no estuvo dispuesta a gastar «tanto dinero». El chaval se enfurruñó, la tía intercedió a su favor y acabó por convencer a la madre.

Con las zapatillas tampoco fue fácil. El chaval, que parecía tener una especial intuición para escoger el género más caro, las quería de piel.

—Yo quiero unas que sean como las de papá —insistía.

Pero la madre deseaba comprarle unas de paño a cuadros marrones y grises.

—Tendrás unas como las de papá cuando seas mayor. Ya está bien de tanto vicio, mocoso —le reñía su madre.

Entonces el niño —con ese refinado sentido de la venganza que tienen las criaturas—, desechó las de cuadros marrones y grises y dijo que las quería en colores azul y granate.

Honorio iba y venía con género, harto hasta la coronilla del niño, la mamá y su tía, la cual al tratar de forzar el criterio de la madre en favor del sobrino, prolongaba la discusión y la estancia. Las veces que Honorio entraba en el almacén hacía gestos de impotencia y hartazgo a Valeria, que se reía. La chica aún no se había quitado los zapatos color crema pero, alentada por Honorio, curioseaba aquí y allá, abriendo y cerrando cajas, que, siempre, con modoso sentido del orden, dejaba en su exacto lugar.

Los compradores se fueron en paz de Dios, y Honorio se fue junto a Valeria. Tras el mostrador, junto a los cortinajes, Honorio se detuvo. Bajo la amarillenta luz de las lámparas con viseras, al fondo del pasillo central, la figura de Valeria vuelta de espaldas, empinada de puntillas para alcanzar una caja situada a cierta altura, se reveló ante sus ojos investida de una alada gracilidad armónicamente fundida en la atmósfera de la trastienda, a la que su rubia melena y su trigal silueta inyectaban una vibración juvenil que, al sentir de Honorio, dotaban al lugar de un resplandor inhabitual, inédito entre el acartonado hacinamiento de cajas, insólito sobre los grisáceos listones de madera del suelo y junto a los metálicos anaqueles de las estanterías.

Ajena Valeria al admirativo espionaje de Honorio, éste podía contemplar a la joven con enternecimiento, aventurando los inminentes momentos en que podría continuar explorando la musgosa suavidad de su sexo. Era evidente —pensaba Honorio en esos breves instantes— que Valeria había aceptado complacida sus carantoñas. Era lógico que la chica, a sus dieciséis años, ansiara ya los estremecimientos que su cuerpo le requería y que quizás ella se otorgaba, tristemente, en solitarias y nocturnas autosatisfacciones. Honorio, pensaba que ante sí tenía la ocasión de aliviar a la chiquilla de sus seguras ansiedades, de terminar con la comezón que tortura los cuerpos virginales que necesitan abrirse ya a la invasión placentera de los sentidos.

De pronto, Valeria, ignorante todavía de la vigilante proximidad de Honorio, arqueó sus piernas y se tiró un pedo, una de esas ventosidades casi inaudibles que se asemejan a un prolongado desinchamiento. La chica tomó el faldón de sus vestidos y, agitándolo con ambas manos en gestos rápidos de composición casi bailable, aventó el intestinal olorcillo.

Honorio retrocedió hacia la tienda sin ser oído, resquebrajado por una inevitable sensación de repugnancia, desazonado por una turbia impresión de incomodidad y decepción. Cuando la chica apareció al fin, Honorio, impulsado por un estímulo difícil de explicar pero quizá fácil de entender, le pidió que se marchara, que tenía urgentes ocupaciones que atender.

Valeria, desconcertada por el semblante oscuro y la seca brevedad de las palabras de Honorio, recogió con celeridad su chaquetón y sus libretas, saliendo de la tienda con un adiós pronunciado con torpeza.

Honorio quedó sumido en un insoluble abatimiento. No sabía muy bien —analizaba conforme se dirigía en busca de refugio a la iglesia de San Miguel— si su malestar provenía de la brusca ruptura de un hechizo, construido sobre unas egoístas perspectivas de goce, o si, por el contrario, su decaimiento surgía de la constatación de que una desagradable, aunque nimia, contrariedad era suficiente para bloquear los mecanismos de su amorosa entrega a la misión de la felicidad de los otros.

«Misericordiosa Señora», le dijo a la Virgen de los Remedios en breve exposición, «hacedme llegar vuestra luz y vuestro discernimiento. ¿Quién soy yo?, ¿qué impulso habita en mí? Dudo de si busco, como creo, la dicha de los otros en la desinteresada oferta de mis potencias o si, en realidad, procedo bajo el influjo de una sensualidad pecadora que nunca podrá ser de tu gusto. Yo sólo quiero ser un mercenario de tu amorosa legión, un soldado de la suprema causa de la conquista del amor, siempre atento a clavar mi bandera en las torres de las ciudades liberadas de la tiranía del sufrimiento, pero siempre indiferente a cualquier placer que apareje la expugnación de una plaza atribulada. Ni mi flaqueza, ni la arbitrariedad miserable de mis impulsos deben llevarme a despreciar objetivos, pues ante el sublime bien de la salvación por el amor no cabe hacer jerarquía de empeños, excluir beneficiarios ni dejarse guiar por el botín comparable al sentimiento del deber cumplido con universal prodigalidad. Perdona, Señora, mi despreciable debilidad de este día y sigue concediéndome tu fuerza para superar cuantas barreras puedan interponerse en mi misión. Que así sea.»

Aquella noche Honorio no se atrevió a mirar el rostro de la Virgen. Nunca encontraría su sonrisa tras la exposición de un testimonio tan desalentador. Su infortunio se había atemperado, seguro de que la Señora le había ya perdonado, y propulsaba sus futuras batallas con nuevos vientos.

En casa, no tuvo apetencia de cenar. En su habitación contempló el calzado de Valeria, que la chica había olvidado en su repentina salida de la tienda. Se desvistió y se metió en la cama aunque no pudo conciliar el sueño.

Encendió la lámpara de la mesilla y tomó en sus manos las botas de gamuza de la chica. Acariciándolas, lloró, lloró amarga y tristemente.

Volvió a dejar las botas en el suelo, bajo la cama, alineadas con sus zapatos. Y apagó la luz. En la grisura azul de su cuarto, comenzó a recorrer en cortos tientos la lisa planicie de sus sábanas almidonadas.

Y así mantuvo en la memoria el recuerdo de la piel de un ángel. Aún no habían dado las doce en el reloj.

Misteriosa cita en el parque

Un día, al llegar de mañana a la tienda, Honorio encontró un sobre blanco bajo la puerta. No llevaba membrete de ninguna firma comercial, ni nombre de remitente. Tampoco franqueo. Era un sobre blanco, cuadrado, de áspero papel entelado, cerrado. En la cubierta se leía: Honorio Sigüenza.

El zapatero lo abrió, y encontró una cuartilla doblada con el siguiente mensaje: «Querido amigo: aunque usted no sepa quién le envía estas letras, yo sí le conozco a usted y usted también me conoce a mí. Por asunto familiar grave que me es motivo de gran preocupación, le ruego se persone hoy, a las dos y media, en el Parque Magallanes. Si usted es tan amable de atender mi súplica, acuda en la hora señalada a la pérgola, junto a la cabaña de piedra que utilizan los jardineros para guardar sus herramientas. Nos reconoceremos inmediatamente.

«Le pido sinceras disculpas por llamar su atención por procedimiento tan poco apropiado, pero si usted es tan gentil de atender el ruego, tendré ocasión de brindarle toda clase de explicaciones. Gracias por anticipado en la completa confianza de que persona de sus virtudes no habrá de desoír mi desesperada llamada.»

Honorio releyó la nota con los cinco sentidos, y se sintió tan intrigado como sorprendido. Quien en tales términos y por tan bizarro sistema solicitaba su asistencia, debía de tener, a ciencia cierta, poderosas razones para ello.

La mañana se le pasó volando, no sólo porque estuviera aguijoneado por la curiosidad y el suspense, sino también inquieto por si la gravedad que parecía inherente al caso podría alcanzar desenlace fatal en el tiempo que mediaba hasta la hora convenida para la cita, a la que, huelga decirlo, pensaba acudir.

Llegó al parque con cierta anticipación con respecto a la hora convenida. Lo hizo a propósito para merodear a prudente distancia en torno al lugar fijado para el encuentro, con el fin de identificar en primera instancia a su anónimo comunicante, ya que si bien es verdad que no hallaba en el trance causa de preocupación, prefería saber qué terreno pisaba no fuera a topar con algún engorroso asunto.

El Parque Magallanes, el invierno a la vista, presentaba una espléndida madurez crepuscular. Las hojas caídas alfombraban paseos y parterres. Las ramas de los árboles aguantaban aún buena parte de su fronda, ya rojiza y amarillenta, contrastando con el verdor de los setos y de las especies de hoja perenne.

Algunas madres con niños pequeños se retiraban rumbo a sus hogares, mientras Honorio bordeaba el pequeño lago donde los cisnes lucían su orgullosa blancura en una sucia agua de borrajas moteada de trozos excesivos de pan duro, bolsitas de dulces arrugadas y cosas peores.

Honorio se fue hacia la pérgola por el paseo de las bicicletas, dejando atrás las jaulas de los monos y el desvencijado palomar, un chamizo de tres alturas pintado de verde y con techumbre de uralita que, a según que horas, y a tenor de la variable luz solar, adquiría para muchos niños —de generación en generación— un desasosegante visaje propiciador de perturbadoras fantasías.

La pérgola del Parque Magallanes había ido sufriendo un progresivo deterioro. En sus pilastras de ladrillo anaranjado ya no se enroscaban plantas floridas y su emparrado de secos maderos estaba desnudo de vegetación, de tal modo que el conjunto aparentaba ser la cavernal osamenta de un gran animal antediluviano reducido a esqueleto por la voracidad de una naturaleza carroñera.

Sentadas en un banco, dos personas, un hombre y una mujer, intercambiaban puntos de vista con notoria vehemencia. Honorio, conforme se acercaba, reconoció efectivamente al caballero.

El hombre, al ver que Honorio se aproximaba, acalló con un gesto las palabras de su mujer, se levantó y dio cuatro o cinco pasos al encuentro del zapatero.

—Mi nombre es Cándido Gómez. Ella es Amparo, mi señora. Gracias por venir.

Honorio saludó a la dama, que le ofreció su mano para que se la besara. Aunque teñida de caoba, con melena corta recogida en un moñito, la señora aparentaba haber cumplido los sesenta. Su porte era elegante, y su rostro —muy compuesto e impasible— tenía un atractivo que no dejaba dudas respecto a su belleza anterior aún no eclipsada. Cándido invitó a Honorio a que se sentara entre su mujer y él.

—Antes de nada, le debo una explicación —comenzó el señor con gran solemnidad—. Supongo que usted ya me habrá identificado. Visité su comercio hace unas semanas y, después de adquirir unos zapatos, le comenté un supuesto problema mío con el olor de pies. En realidad, yo acudí a su tienda digamos que en misión de inspección. Quizás a usted no se le escape la posibilidad de que sus buenas acciones con algunas señoras hayan podido trascender a círculos reducidos. En concreto, mi señora ha oído hablar de usted a través de una amiga íntima que se ha visto consolada por sus favores.

Honorio hizo una mueca de disgusto e inquietud.

—Tranquilícese, Honorio, le aseguro que su nombre no corre de boca en boca y que sólo la fraterna y muy antigua amistad entre mi señora y la dama en cuestión ha permitido que la noticia de sus generosas disposiciones llegara a nuestros oídos. Permítame, si es tan amable, que retome el hilo de mi exposición.

Honorio asintió, y miró de reojo a la señora que se mantenía seria, con los labios apretados y mirando al frente.

—Conocedor, pues, de su trayectoria, quise observarle directamente para comprobar si, efectivamente, usted era una persona seria y de confianza. Le puse, y usted perdone, la pequeña prueba de mi presunta pestilencia de los pies, y pude constatar su bondad, ya que usted me atendió con amabilidad y paciencia, puso afán en averiguar las posibles causas de mi mal y me ofreció diligentemente soluciones. Usted, si hubiera querido, podía haberme mandado a paseo, y, más, con unos zapatos tan estupendos como los que me vendió —rió el señor con ingenuidad y simpleza— que, por cierto, son los que llevo puestos.

Y señaló con un dedo colgón su calzado.

—Como quizá vaya adivinando —continuó don Cándido—, el motivo de todas estas operaciones, no es otro que el de solicitar su ayuda para el arreglo de un grave problema que perjudica seriamente la felicidad de nuestro matrimonio. Ha de saber usted que una pertinaz impotencia, manifestada desde hace algún tiempo, me impide cumplir con mi señora el compromiso marital.

El señor, de improviso, adelantó su cabeza y, con voz firme, le dijo a su mujer que seguía en silencio.

—Y tú, Amparo, cállate, que ya hemos discutido esto suficientemente, y la decisión, por mi parte, está tomada.

Y en tono de nuevo calmado, siguió hablándole a Honorio.

—Como le decía, una impotencia sexual de características orgánicas, a juicio de los especialistas, me impide dar la satisfacción debida a mi señora. Sólo muy de tarde en tarde —a veces pasan meses— estoy en condiciones de realizar el acto. Aunque mi mujer asegura que puede pasar perfectamente sin ello, mi opinión no es la misma. Mi mujer, como usted verá, mantiene incólume su vitalidad y su pujanza. Y vengo calibrando cómo la falta de una relación íntima viene aumentando progresivamente su irritabilidad, le ocasiona creciente malhumor, le genera, en suma, una angustia que repercute en la convivencia matrimonial con desestabilizadores resultados. Mi mujer no era partidaria de pedir su concurso, pero yo he reflexionado suficientemente sobre el particular y tengo formalizado mi criterio: puesto que yo ya no puedo administrarle el sacramento como es debido, le ruego a usted que ocupe mi lugar. Al margen de sus costumbres, y con el respeto que usted me merece, quiero aclararle que estamos dispuestos a pagar.

Honorio no salía de su asombro. Le resultaba dificultoso asentir tan tranquilo manteniendo la mirada de un caballero que le franqueaba el lecho de su esposa y, por otra parte, el conocimiento de la aparente oposición que mantenía la mujer respecto al plan esbozado le hacía sentirse frente a ella como el señor feudal que se dispone a ejercer con una doncella su derecho de pernada. Sólo que, naturalmente, él no tenía mentalidad de señor feudal y, en el curso de su cruzada amorosa, que le había hecho vivir situaciones curiosas, nunca se le había presentado un caso parecido. Aquí, la iniciativa no partía de él, ni de él nacía el diagnóstico de una dolencia de los sentimientos que requiriese su quirúrgica intervención.

Iba a comenzar a hablar, cuando don Cándido le interrumpió:

—Disculpe, quiero, por último, pedirle excusas por citarle en estas condiciones tan misteriosas. Ha sido cosa de mi mujer. Ella no deseaba acudir a su comercio, por si otras personas al tanto de su labor pudieran verla y deducir el objeto de su visita. Amparo tiene mucho amor propio y un sentido exacerbado y poco realista de la dignidad. Tampoco era partidaria de hacerle venir a nuestro domicilio, y usted la disculpe, por temor a abrirle nuestra intimidad sin saber aún cuál iba a ser su decisión. Por ello optamos por esta cita anónima en el parque, a una hora en que era lógico suponer que no seríamos observados. Excúsenos.

Honorio, por fin, pudo hablar. No había seguido con mucha fijeza las últimas palabras de don Cándido, dedicándose a elaborar rápidamente un esquema de la situación del que deducir la mejor conducta a tomar.

—Mire usted, don Cándido, en primer lugar, le agradezco la deferencia que usted me hace al depositar en mí su confianza y le conmino a que se libre de toda preocupación ya que su actuación ha sido en todo momento educada y correcta.

»Antes de tomar una decisión sobre su propuesta, quiero asegurarme del pleno convencimiento de ustedes respecto al importante paso que van a dar. Desearía saber, en primer lugar —Honorio hablaba en un tono pausado— si su impotencia, don Cándido, es con toda seguridad de origen orgánico o, si por el contrario, no tendrá una raíz psicológica que, una vez delimitada, podría facilitar su recobramiento y puesta a punto.

Don Cándido, que se había encendido un enorme puro, lanzó una bocanada de humo a las nubes, y fue terminante en su respuesta.

—Mi impotencia, Honorio, es orgánica, fruto de la edad. Así fue diagnosticada por varios especialistas locales a los que consulté, y el diagnóstico fue confirmado por un eximio médico holandés, máxima autoridad en la materia, cuya clínica visité en uno de mis habituales desplazamientos al país de los tulipanes. Porque yo, ¿lo sabía?, tengo una empresa en consorcio con los holandeses dedicada al *import-export* de grifería.

—Ya.

En ese momento, la mujer colocó en sus rodillas un bolso de gran tamaño, y comentó:

—¿Saco ya los *sandwiches*, Cándido?

—Ah, perfecto, perfecto. Honorio tendrá apetito. Es que, ¿sabe?, hemos pensado que, al vernos a esta hora, o sea, en el tiempo del almuerzo, no estaría de más disponer de unos bocadillos para aliviar el apetito. Nuestra sirvienta nos ha preparado un refrigerio.

La mujer abrió el bolso y sacó una gran servilleta que colocó a su izquierda y sobre la que extendió varios *sandwiches*.

—¿De qué le apetece más? —preguntó a Honorio mirándole directamente a la cara y sonriendo por vez primera—. Tengo de ensaladilla rusa, de salami y de queso fundido.

Honorio aceptó, para empezar, uno de ensaladilla, la señora fue quitándole el papel a otro de salami, mientras don Cándido aclaraba que él no probaría bocado puesto que estaba a dieta debido a su ostentosa obesidad. Honorio y doña Amparo empezaron a mordisquear sus bocadillos.

—Bien, pues... mmmmm, está realmente deliciosa su ensaladilla, señora —comentó Honorio con tanta franqueza como cortesía—. Estando así las cosas, en fin, sólo deseo cerciorarme de que ustedes están realmente seguros de la proposición que me hacen, o sea, que han analizado sus pros y sus contras. Don Cándido —giró Honorio su cabeza a la derecha—, ¿quiere usted que, a todos los efectos, yo asista sexualmente a su esposa?

—Sí, quiero —respondió con firmeza don Cándido.

Honorio se volvió hacia la señora.

—Y usted, doña Amparo, ¿quiere, con plena seguridad, mantener trato sexual conmigo?

La mujer se demoró unos segundos.

—Sí, quiero —dijo bajando la mirada en un mohín que, a juicio de más de uno, podía entrañar tanta vergüenza como coquetería.

—Bien, pues, de ser así —concluyó Honorio—, lo que ustedes han resuelto de común acuerdo no voy a contradecirlo yo.

Y añadió:

—Sólo quiero comunicarles que no aceptaré cantidad alguna por mi servicio. Mi labor se deduce de una convicción moral, de un principio ético, de una fe, y no es, por tanto, objeto de recompensa material ni de mercadería.

—Pero otro *sandwich* sí tomará, ¿verdad? —ofreció la mujer.

—Ah, eso sí, están riquísimos, doña Amparo.

Don Cándido se puso en pie y abrió sus brazos.

—Amigo, permítame que estreche su mano. A nadie ni a nada quiero yo más en el mundo que a mi mujer, y, hasta este instante, el dolor de no poder complacerla carcomía mi felicidad. Yo sé perfectamente que de los labios de Amparo nunca iba a surgir un reproche hacía mí, pero, más que cualquier palabra, era elocuente el cambio que se venía operando en su carácter habitualmente alegre, la melancolía que tantas veces la embargaba, la disminución de ese brillo de su ojos que me enamoró el primer día en que la conocí. Gracias a usted, Amparo volverá a florecer. Le estoy muy agradecido y, si en algo puedo yo ayudarle, me tiene a su más entera disposición.

Y estrechó con fuerza la diestra de Honorio —que tuvo que trasladar vertiginosamente su *sandwich* a la izquierda—, y le abrazó ceremoniosamente y con gran rotundidad. Luego, dijo:

—Amparo, dale un beso a este señor que va a ser para nosotros mucho más que un hermano.

Amparo se incorporó para besar las dos mejillas de Honorio, y entonces éste se apercibió de que la mujer se ayudaba en un bastón de empuñadura dorada, un junco de indias terminado en un puño en forma de pomo.

—Tengo artritis en la pierna derecha, ¿sabe? —explicó ella—, y sin el bastón no podría dar un paso.

—Sin embargo, no es bueno que se acostumbre al bastón desde tan joven. Los vicios, cuanto más tarde se cojan, mejor —comentó Honorio.

—Me temo que ya estoy acostumbrada. Es cosa de familia. A mi padre siempre le recuerdo, de cuando yo era niña, usando un enorme bastón —dijo, nostálgica, Amparo.

—Es que antes, querida —dijo Cándido—, los caballeros lo usaban mucho.

—Es verdad —apostilló la mujer—. Y da pena que ya no se usen. Va en gustos, ¿verdad?, pero yo opino que los caballeros con bastón parecían más caballeros.

Y así, Amparo, Cándido y Honorio continuaron charlando de otros temas intrascendentes, creciendo, entre ellos, la amistad y la familiaridad.

Cándido le entregó a Honorio una tarjeta de visita y, apelando al refrán, quedaron en «no dejar para mañana, lo que podían hacer hoy». Así que establecieron otra cita, a las nueve de la noche del mismo día, en el domicilio del matrimonio.

Honorio se presentó, como solía, con puntillosa puntualidad. Había pasado brevemente por su casa para asear su aspecto. Impecablemente afeitado, despidiendo un fuerte aroma a loción, Honorio se había puesto su traje gris de tergal, cruzado, de amplias y picudas solapas. Estaba relajado y tranquilo, aunque expectante por el sesgo concreto que podían tomar los acontecimientos.

Al llamar al timbre, salió a recibirle la criada, una chica joven, bajita, de rostro difusamente norteafricano, que no vestía uniforme y que parecía muy bien enseñada.

Conducido a la sala de estar, Honorio comprobó al instante la elevada posición de sus anfitriones, pues todos los muebles, objetos y aditamentos que ornaban la holgada habitación tenían enorme prestancia y categoría.

Acomodados en sendos butacones de buen tapizado y grandes orejeras, aguardaban Cándido y Amparo. El, embutido en un batín de seda color vino tinto, fumaba uno de sus puros y sostenía un periódico entre las manos. Ella llevaba puesto un vestido negro muy elegante, con un cuello de pequeños volantes fruncidos hacia arriba, y mantenía cogido su bastón como un rey su cetro, sin que pareciera estar haciendo nada de particular en ese preciso momento.

El matrimonio recibió a Honorio con cordialidad, interesándose por el desarrollo de su jornada de trabajo y ofreciéndole una copita de licor de frutas, especialidad de la sirviente, que resultó ser murciana.

Después de un ratito de agradable, aunque un poco deslavazada conversación, Cándido sugirió la conveniencia de pasar al dormitorio.

—Nuestro amigo Honorio, hombre laborioso —dijo—, tendrá, sin duda, que levantarse a hora temprana, así que más vale no entretenerle. Lo mejor será que pasen al gabinete.

La alcoba, cuadrada y de grandes dimensiones, tenía una enorme cama de matrimonio, a juego con la cómoda, el tocador y un voluminoso ropero. Sillas y taburetes, amén de cuadros y otros objetos de pared, completaban el mobiliario, junto con un biombo esmaltado de difícil clasificación.

Encima del lecho había todo un muestrario de ropa femenina de noche, que Honorio miró con sorpresa sin explicarse la finalidad de tan variopinta exhibición.

—Amparo ha pensado, pobrecilla —explicó Cándido— que quizá le gustaría elegir la vestimenta que ella ha de utilizar para la ocasión.

Honorio estaba desbordado ante tal exposición de sedas, satenes, rasos, gasas y otras telillas de aspecto frágil y delicado. Se aproximó al escaparate y, sin poder reprimir una mueca constante de ignorancia, toqueteó esporádicamente alguno de los camisones, señalando finalmente con el dedo, y, prácticamente, al azar uno de color púrpura.

Amparo elogió la elección.

—Le alabo el buen gusto, Honorio —dijo tomando la prenda por la contera de su bastón—, éste es uno de mis preferidos. Lo conservo desde hace treinta años. Me encantan la seda y la sencillez, y este camisón, aparte de unos pliegues y un entredós de encaje, no tiene ninguna complicación.

—Bueno, querida —dijo Cándido, tomando a Honorio por el brazo—, nosotros nos retiramos para que puedas vestirte. Ya avisarás cuando estés lista.

Los dos hombres salieron del cuarto, y Cándido bromeó con Honorio sobre la timidez de las mujeres antiguas, que no desean ser vistas cuando se preparan para acostarse.

—En más de treinta años de matrimonio, amigo Honorio aún no he podido verle la lana, como yo digo, a mi mujer —se lamentó, con llevadera y retórica resignación, Cándido—. Sin embargo, tengo entendido que las chicas de ahora le enseñan a uno la chirla antes que la dentadura. Al menos, en Holanda.

Y remató en un suspiro:

—En fin, tal vez sea más compensatoria la vida hecha de un poco de misterio. Sin misterio no hay emoción, ¿verdad?

—Desde luego.

Continuaron hablando durante unos minutos en la sala de estar, hasta que se escucharon tres golpes secos.

—Toc, toc, toc.

—Es ella —dijo Cándido—. Le llama con el bastón. Ha llegado la hora. Le estoy muy agradecido. Va a hacerme un inmenso favor. Va a devolver el relajo a esta casa. Si me lo permite, le voy a dar un consejo que incluye una petición: hágase a la idea de que está con su mujer, pero trátela como si no fuera la suya. ¿Me explico?

Y procurando entender estas palabras, Honorio, mientras Cándido se encendía otro puro y se enfrascaba en la lectura de la prensa, se encaminó al encuentro de Amparo.

Una hora después, la mujer y Honorio se presentaban en la sala de estar. Cándido se levantó, besó la frente de su esposa con cariño y le preguntó:

—¿Ha ido todo bien, querida?

Y ella respondió:

—Maravillosamente. Ha sido el *summum*.

—¿Y te encuentras bien? —se interesó él.

—Perfectamente —afirmó ella.

Honorio, satisfecho por el deber cumplido, feliz por haber contribuido al bienestar y quién sabe si a la salvación de un matrimonio, no podía decir lo mismo.

Tenía los riñones molidos a bastonazos.

Bailando un fox

Honorio estaba pasando la cueva. Tenía la espalda llena de magulladuras y los riñones le dolían con inaguantable intensidad. Lo peor de todo no era eso, sino que, por más agua y otros líquidos que ingería, orinaba con dificultad y escasamente.

La portera le veía a diario con mala cara. Gregorio lo encontraba alicaído. Doña Manuela, en la Panadería Berganza, le repetía el mismo soniquete:

—Ultimamente no está usted nada católico, don Honorio. Debería trabajar menos y cuidar más de su salud, está usted de lo más pachucho, ¿verdad, Valeria?

La chica asintió con la cabeza sin mirar a Honorio. Desde el episodio de la zapatería, la muchacha se mostraba comprensiblemente huidiza y retraída. Honorio le había llevado, al día siguiente de los hechos, las botas que dejara olvidadas y, a los ojos de su madre, los zapatos de tacón eran un obsequio de Honorio que doña Manuela se resistió, de primeras, a aceptar, mientras que el olvido de su propio calzado se achacó al entusiasmo de la chica por el regalo. Sin embargo, entre Valeria y Honorio se había creado una barrera de la que ambos se sentían molestos y culpables, aunque no la atribuyeran a las mismas causas.

Luciano, por su lado, se sumaba todos los días al coro de malos augurios, insistiendo en que Honorio parecía un alma en pena.

—Tiene usted una pinta de ultratumba que para qué. Además del café con leche, tendría que tomarse una copita de orujo para elevar el ánimo. Lo suyo no es más que debilidad, que nadie le cuida como es debido. Tendría usted que pensar en casarse, que aún está a tiempo.

—¡A buenas horas! —exclamó Honorio por decir algo.

—Torres más altas han caído —remachó Luciano.

—Bah, buey suelto bien se lame —replicó Honorio sin demasiado convencimiento.

—Ya se ve, ya —dijo Luciano con insidiosa retranca.

El caso es que aquella mañana tenía Honorio hora en la consulta del urólogo. Había mandado de víspera aviso a Venancio para que fuera a la zapatería, y allí se lo encontró, en la puerta, como un clavo, a las nueve y media en punto.

—No se inquiete, Honorio, váyase tranquilo al médico que yo me ocuparé de todo. Y, luego, cuando vuelva, le enseñaré una sorpresa que le he traído: tres vitolas nuevas para su colección.

—Gracias, Venancio, gracias. Ya sé yo que puedo contar con usted —dijo Honorio razonablemente preocupado.

Cuando el médico examinó la espalda del zapatero se quedó verdaderamente espantado.

—Pero, hombre de Dios, ¿se puede saber lo que ha hecho usted? —preguntó horrorizado el doctor Beltrán al observar los hematomas que decoraban los riñones de Honorio.

—Penitencia, doctor, penitencia —mintió, o quizá no, Honorio.

—¿Penitencia dice? Pero usted no está bien de la cabeza, señor mío. O sea, que tiene delicados los riñones y no se le ocurre mejor penitencia que flagelarse, o lo que sea, precisamente ahí. Usted no rige, ¿o qué?

El doctor Beltrán estaba indignado.

—Está usted hecho un Cristo.

—Su ejemplo debemos imitar —dijo Honorio con involuntaria y teatral beatería.

—Si es por eso, ya sólo le falta hacerse crucificar en alguna plaza pública.

—La mortificación del cuerpo es indispensable para templar las exigencias de los sentidos y potenciar la vida del alma, ¿no comprende?

—Allá usted, pero un día va a hacer un disparate. Azótese el culo si quiere, que no le traerá mayor mal que el de no poder sentarse, pero como siga castigándose así los riñones se va a quedar el día menos pensado en el sitio con un coma urémico.

El doctor Beltrán, un viejecito con gafas, de pelo blanco, bastante calvo, daba paseítos cortos y movía los brazos con aparatosidad.

—O sea, que me dice que apenas puede orinar. ¿No es eso?

—Sí, señor.

—¡Claro! Con semejante traumatismo cómo va a poder usted orinar. Debe tener una uremia prerrenal de padre y muy señor mío. A la vista de ese mapamundi —dijo el médico señalando la espalda de Honorio que permanecía tendido en una camilla—, sobran aquí análisis y todo. Ande, vístase.

El doctor Beltrán se sentó tras su mesa de trabajo, mientras Honorio realmente intimidado se incorporaba y se vestía. El médico comenzó a escribir en un papel.

—Para empezar se va a tomar estas pastillas tres veces al día, con las comidas, que le ayudarán a recuperar la función renal. Y va a seguir una dieta alimenticia que le voy a especificar aquí por escrito. Las grasas, prohibidas. La sal, prohibida. No debe tomar pan en principio, pero si toma un poquito, que sea sin sal. Y para comer, aquí le pongo, en papel aparte, arroz hervido, patatas hervidas y puede tomar sémola y tapiocas. Si tiene hambre se aguanta, y así hace penitencia de la buena. Y si no puede aguantarse, puede tomar un poquito de jamón de york o de pescado blanco hervido. Y, para la sed, que ha de tener sed, zumo de limón con todo el azúcar que quiera. ¿Estamos?

—Estamos —contestó Honorio cabizbajo, mientras el doctor Beltrán terminaba de anotar todos los detalles.

Ya cuando le acompañaba hacia la antesala de la enfermera, para abonar la consulta, el médico no pudo evitar una nueva socarronería.

—Ahora bien, si usted quiere, puede irse a su casa y darse otra buena somanta a paraguazo limpio.

Honorio, con bobalicona inocencia, aclaró:

—Si no fueron paraguazos, fueron bastonazos.

—Más a mi favor. La próxima vez se arrea usted con una azada y sanseacabó. Que usted lo pase bien.

Con el corazón en un puño, acongojado, Honorio salió a la calle y con paso inseguro inició la búsqueda de una farmacia. Una vez que hubo comprado las píldoras, se dirigió hacia la zapatería absorto en lúgubres pensamientos. Andaba con ese aire de los jubilados que se pasean por las calles como sin rumbo fijo, parándose a observar las zanjas en las que empleados municipales colocan nuevas tuberías, uniéndose aquí a un grupito de desocupados que supervisa la demolición de un viejo edificio y haciendo allí bulto entre los espectadores que no pierden detalle de la gresca entre un guardia de la circulación y un automovilista.

Se sumó, en fin, a ese flujo de gentes y máquinas que se moviliza cada mañana con muy distinto ritmo por las arterias de la ciudad. Unos, sin prisa por llegar a ningún lado, se mueven más con la actitud de quien cambia de lugar que de quien se dirige con intención a alguna parte. Otros, se desplazan con electrizado nervio, como si se fuera a hundir el suelo que ocupan un segundo después o como si el lugar que deben alcanzar fuera a elevarse por los aires, como en los cuentos orientales, hacia paradero desconocido.

A punto de llegar, distraído con sus cuitas, a la altura de Calzados Sigüenza, Honorio se quedó patidifuso. Allí, delante de él, a diez metros, estaba plantada la voraz señora del impermeable transparente, la distinguida dama del pelo plateado a la que tuvo que contentar con un calzador. Quiso dar media vuelta, pero ya era tarde.

—Honorio, Honorio —le llamó, yéndose hacia él—. No sea malo, no se me escape, que le he visto.

—Ah, buenas, no... si yo... —balbució—... es que había olvidado... no la había visto.

—No ha nacido usted para mentiroso, Honorio —dijo ella—. Tengo que hablarle. ¿Cómo está?

—Fatal —dijo él con bien cierta sinceridad.

—Oh, venga, ya será menos. Tengo que hablarle, le invito a tomar un café. Su empleado, que me ha comunicado su ausencia, puede seguir atendiendo el negocio un rato más. Venga, vamos a esa cafetería —dijo dándole un tirón—. O sea, que anda usted de médicos, ¿eh?

Cruzaron la calle —Honorio, a trancas y barrancas—, y entraron en Calipso. La mujer quitó importancia a los problemas de Honorio, el cual naturalmente no le explicó la verdad de cuanto le afligía.

—Al cuerpo, lo mejor es no hacerle ni caso. Es muy caprichoso. Es como un bebé que llora para llamar la atención. Y, a los médicos, menos. La marean a una y, total, para nada. Uno le dirá que tiene esto y, si va a otro, le dirá que tiene aquello, y, entre todos, le volverán loco y le dejarán sin blanca.

—Ya.

Honorio se fijaba, precisamente, en las negrísimas pestañas de la mujer, que más que pestañas parecía que tenía peinetas bajo las cejas siempre depiladas, arqueadas como alfanges de carbón.

—Mire, Honorio, a mí no me gusta andarme con rodeos, así que voy a ir al meollo de la cuestión. Estuve en su tienda porque, como otras mujeres, había oído hablar de usted. Muchas mujeres hablan de usted, porque usted se ha entregado a muchas.

Honorio hizo un mohín de terror.

—Pero eso no debe preocuparle —aseguró la señora—. Las mujeres guardamos mal los secretos entre nosotras, pero somos como tumbas ante nuestros maridos, nuestros amantes o nuestras familias. Nadie sabe de usted más que quien tiene que saber, y eso debe ser suficiente para que se sienta seguro.

La mujer subrayó esta afirmación con un gesto de sus manos y prosiguió:

—Mis informantes me han puesto al tanto de cuáles son sus costumbres, digamos, de qué clase de mujeres son su tipo. Sé muy bien que usted ejerce su peculiar apostolado amoroso entre viudas inconsolables y solteronas mayores que nunca han sabido lo que es tener un hombre sobre su vientre. Le voy a ser muy franca: no es ése mi caso. Yo no necesito del sexo como el pobre necesita de una escudilla con patatas guisadas para no morirse de hambre. Mi problema es que cuanto más como, más apetito tengo, ¿me comprende?

—Me temo que sí —dijo Honorio.

—Mire, Honorio, yo no soy —y perdone las expresiones— una viudita flamencona con picores en el chocho ni una virgencita reprimida con telarañas en el coño, ni tengo, por tanto, tentaciones de hacérmelo con un garrafón.

—Por Dios, señora, tiene usted una forma de hablar... —Honorio estaba de una pieza.

—Pero usted ya me comprende. Yo soy una mujer casada y mi marido cumple conmigo como se le antoja. O sea, mal y pronto. Pero a mí no me llena. Necesito más y diferente. El, por otra parte, cada martes y cada jueves se marcha de viaje, y me quedo sola y tirada, comiéndome los codos por las esquinas de mi casa. Yo, Honorio, tengo otras necesidades.

—Señora, usted me va a permitir que le diga que lo que usted tiene es vicio —dijo Honorio, ingenuamente, como persiguiendo una negativa airada.

—Pues sí, probablemente, sí, vicio es lo que tengo. ¿Y qué? —dijo ella desafiante.

—Pues mire, que el vicio no entra en mis planes. Yo sólo atiendo casos de auténtica necesidad.

—Ja —dijo ella en un grito que incomodó a Honorio, temeroso de que la conversación que mantenían fuera seguida desde las mesas vecinas—. Ja, ja y ja. Me río yo de la necesidad. ¿Qué sabe usted de la necesidad? ¿De qué clase de necesidad está usted hablando?

—Pero, señora, usted es una pervertida —dijo Honorio con indignación—. Mi misión no consiste en alimentar el vicio, el desenfreno, la lujuria, las veleidades incontroladas de la carne. Eso es el pecado, el desorden de la naturaleza, la esclavitud de los sentidos. Señora, usted y yo no tenemos nada que decirnos.

Honorio hizo mención de levantarse, pero la señora le retuvo enérgicamente por la manga.

—Bonito santurrón está usted hecho. ¿Cuál es su mérito? Usted se cree un héroe ayudando a mujercitas pesarosas que necesitan una limosna, un arreglillo de deshollinador, chapuzas para que no se les atasque la chimenea. Usted es un cobarde, un miserable que va a lo fácil, que se niega a enterarse de la auténtica realidad de las cosas. Usted, que se tiene a sí mismo por un misionero del amor, no es más que un beato comodón, un meapilas egoísta que no quiere correr riesgos. Usted predica en el patio de su casa, ante una feligresía timorata y siempre dispuesta a convencerse. ¿Es ésa la grandeza de su labor?, ¿son ésos los riesgos que usted se atreve a correr en nombre del amor?

La mujer hablaba encendida, sin soltar todavía la manga del abrigo de Honorio, meneando su brazo conforme ponía el acento y la fuerza en determinadas palabras, haciendo muecas de constante desprecio.

—¡Valiente cobarde! ¿Cuál es su audacia?, ¿cuál es su valor?

La señora se echó a llorar violentamente. Sacó un pañuelo del bolso, se sonó y se secó las lágrimas que ya descorrían el abundante rímel de sus ojos. Honorio estaba asustado y conmovido. La mujer siguió hablando entre gemidos.

—Sí, de acuerdo, soy una viciosa, una pervertida, una golfa, una puta. Pero yo le necesito, le necesito de veras, le necesito más, probablemente mucho más, que esas mujeres de las que usted se ocupa. ¿No quiere usted salvar a María Magdalena?

—Señora, por favor, tenga respeto. No mezcle las cosas.

La mujer, con el pelo en desordenada diáspora y la cara congestionada por el llanto, sonrió lastimeramente.

—Perdone, perdone. No he querido ofenderle. María Magdalena es mi nombre.

Honorio cedió. Por un mecanismo de autoconvencimiento todavía poco transparente para él, había entrevisto algunas briznas de razón en las palabras de Magdalena, si bien no podía discernir si su decisión era efecto de los argumentos expuestos por la mujer o del resquebrajamiento de sus sentimientos ante los lamentos de ella.

Quedaron a media tarde en casa de Magdalena. Honorio trabajó hasta entonces en la zapatería y dejó a Venancio encargado del negocio hasta la hora de cerrar.

A las cinco en punto, Honorio llamó al timbre. Sonó una breve melodía de campanas tubulares y, a los pocos segundos, se abrió la puerta.

—Perdone —se disculpó Honorio—, me he debido de equivocar de piso.

—Pase, pase usted —incitó Magdalena—, que no se ha confundido.

La mujer que le franqueaba la entrada tenía el pelo negro, muy negro, el rostro maquillado de intenso colorete y los labios pintados de un rojo percutante. Estaba descalza. Llevaba puestos unos pantalones anchísimos, bombachos, blancos con gruesas rayas verdes, sujetos a la cintura con un cordón. Vestía una camiseta, sin mangas, con doble tirante, que dejaba brazos y hombros al desnudo, y ofrecía a la vista el comienzo del pecho.

—Soy Magdalena, pase. Me gusta ponerme esta ropa en algunas ocasiones.

Sin salir de su asombro, a Honorio se le fue la vista hacia el busto de la mujer, liberado del corsé, bamboleante bajo la fina telilla de la camiseta.

—¿Qué hace usted así? —preguntó Honorio recalcando la última palabra.

—¿No le gusto? —preguntó ella dándose un repaso a sus superlativas tetas—, ¿no le gusta mi peluca? Es japonesa, y vale un dineral.

Magdalena guió a Honorio hasta una inmensa habitación.

Si el aspecto de la mujer le había dejado prácticamente alelado, las características de la estancia le impresionaron, si cabe, en mayor medida.

Las paredes, del suelo al techo, estaban totalmente recubiertas de láminas de espejo de muy diferentes tamaños e irregular disposición, sujetas al muro y entre sí por clavos romanos. Multitud de cuadros de diverso formato, distribuidos sin regla fija, se esparcían por doquier junto con infinidad de apliques barrocos.

Honorio no sabía adónde mirar. El colorido del conjunto era realmente restallante, y la abundancia de muebles y objetos surtía un efecto abrumador que la luminosidad y perspectiva que producían los espejos no mitigaba en absoluto.

Esquineras dieciochescas, consolas policromadas en blanco y oro, armarios tallados y otros muebles soportaban toda clase de figuritas. Había porcelanas de Sajonia y Cantón, marfiles, jades, tibores, loza marsellesa, varios *bleu de Chine* y mucha platería: aquí una botella en forma de faisán; allí, una sopera de Hamburgo, estilo Luis XV...

—¿Es ésta, de verdad, su casa? —preguntó Honorio observando un escritorio italiano pintado al temple—, ¿o es una de estas tiendas de decoración, situadas en pisos, para clientela restringida?

—¿Usted qué cree? —dijo Magdalena con cierto aire de superioridad.

—Yo no creo nada —replicó Honorio estupefacto.

—Es mi casa, señor mío, mía y de mi marido, el feliz hogar conyugal, nuestro nido de amor, el palacio de la bella durmiente y su príncipe azul. ¡Qué risa!

A indicación de Magdalena, Honorio se sentó en un sofá de cretona azul, estampado con hojas de parra de un rosa levísimo y lleno de cojines de lo mismo. La mujer se acomodó a su lado, frente a una mesita también Luis XV, y comenzó a desgranar una lista de quejas.

—Pues mi príncipe, como de costumbre, está de viaje. Negocios, negocios y más negocios. Estamos forrados, ¿sabe?, ¿se nota?, no sabemos qué hacer con el dinero, y él, desgraciado, no sabe qué hacer conmigo. Cada viaje, supongo, una amante, una furcia cara en un hotel de lujo. Pero ni por ésas —suspiró—, las fulanas de ahora, mucho griego, mucho inglés, pero poco aprende mi marido con ellas.

Honorio no entendía muy bien lo que Magdalena estaba diciendo.

—Sí, se correrá grandes juergas, aflojará la mosca y, nada, vuelve a casa como un seminarista. Hacerse pajas es lo único que debe de saber, digo yo.

—A la mujer de uno hay que respetarla —dijo Honorio por decir.

—Pero no tanto, por Dios, no tanto. Además me río yo del respeto. ¿Qué es el respeto? Cogerte cada noche, y aquí te pillo, aquí te mato. Si estás cansada, te aguantas. Si tienes dolor de cabeza, que se te pase. Se acuestan en tu cama, te suben el camisón sin decirte la hora, te ponen la mano en el coño como quien enchufa la radio, te dan cuatro restregones en las tetas que te las dejan como un trapo, se abren la bragueta del pijama, desenfundan su glorioso instrumento, te abren en canal, te lo meten y te lo sacan besando la almohada, se corren echándote babas por las orejas y se dan media vuelta, y, hale, a dormir. Y tú te quedas ahí, escaldada como un buñuelo, excitada, sin sueño, con el conejo en carne viva y con las ganas. ¿Eso es respeto? ¿Sabe, Honorio? Me río yo de ese respeto, me río que me muero de la risa.

Honorio escuchaba con atención, con asco y también, sin saber del todo por qué, con cierta complicidad.

—Pero, bueno, usted tampoco es manca.

—Ah, toma, mira tú, una se harta, se cansa de chuparse el dedo. ¡Natural! Soy una golfa, sí, pero gracias al matrimonio. Porque mi marido no me tiene bien estudiada, nunca ha sabido tocarme las teclas. Y, claro, cuando una estudia por su cuenta, termina aprendiendo hasta lo que no debe. Y yo, ahora, amigo mío, sé latín.

Todas estas alusiones a los idiomas le tenían a Honorio despistado. No tenía noticia ninguna de que se llevaran tanto las lenguas en las cosas del amor.

—Siempre he oído decir que el griego y el latín son lenguas muertas —comentó estúpidamente.

Magdalena se dio cuenta de que Honorio estaba en babia, pero, aun sabiendo que su ironía no iba a encontrar destinatario, añadió:

—Muertas o vivas, hay lenguas que resucitan a un difunto.

—Posiblemente.

Junto al sofá había una especie de mesilla con varias baldas, unas estanterías copiadas de los taburetes de los dogos de Venecia. En la parte superior, habia un *pick-up*, y Magdalena se acercó a él y le propuso a Honorio poner un poco de música.

—¿Qué quiere oír? Aquí hay de todo —decía arrodillada buscando entre los discos *singles*—y, de lo que más, canciones antiguas. Me encantan las canciones antiguas. ¿Y a usted?

—A mí también, mucho más que las de ahora —dijo Honorio algo animado.

—Dígame qué quiere oír. Hay tangos, habaneras, boleros, tonadillas... Ah, déjeme, le voy a poner una de mis favoritas, y luego elige usted. Es un fox.

Sacó un disco de su carpeta y lo colocó sobre el plato del *pick-up*. Magdalena se plantó en el centro de la habitación e, instándole con las manos a acercarse, dijo:

—¿Bailamos?

Y Honorio, como un perro perezoso, se acercó. Magdalena se enroscó a su cuello, apoyó su cara en la mejilla de él, y comenzaron a bailar.

Nadie comprende lo que sufro yo,
tanto, que ya no puedo sollozar,
solo temblando de ansiedad estoy,
todos me dejan y se van.

Se movían despacito, muy juntos, ella con los ojos cerrados, él muy tenso, con la cabeza en fuga hacia atrás, en silencio.

Mujer, si puedes tú con Dios hablar
pregúntale si yo alguna vez
te he dejado de adorar.

Bailaban sin hacer ruido sobre una gran alfombra gris adornada con una greca. Honorio se aventuró a acariciar el cuello de Magdalena, a besarla dulcemente en la frente.

Y el mar, espejo de mi corazón,
las veces que me ha visto llorar
la perfidia de tu amor.

Magdalena comenzó a desabotonar la bragueta de Honorio, que se dejaba hacer, y sacó su miembro, y continuó bailando con el falo de él sujeto entre sus manos.

Te he buscado por donde quiera que voy
y no te puedo hallar,
para qué quiero tus besos,
si tus labios no me quieren ya besar.

La mujer retiró sus manos del miembro de Honorio, que ya estaba en erección, se agachó y se lo llevó hacia su boca, y lo besaba, y lo succionaba suavemente.

Y tú quién sabe por dónde andarás,
quién sabe qué aventura tendrás,
qué lejos estás de mí.

La canción se terminó mientras Honorio y Magdalena se revolcaban por el suelo. Y sólo se oía el runrún de la aguja pasando una y otra vez sobre el mismo surco del disco.

—¿Soy una golfa, Honorio? —preguntó ella.

—Usted es una golfa, Magdalena, pero quien esté limpio de culpa que le tire la primera piedra —respondió él.

De regreso a la tienda, Honorio fue advertido por Venancio de que tenía una visita. Era una mujer pequeña, muy poco agraciada. Llevaba un abrigo de paño azul añil, y sostenía su bolso negro a la altura de su estómago.

—Buenas, soy Fermina, la hermana de Dolores —dijo de saludo.

—Ah, sí, ¿qué tal? Creo que ya le he visto a usted alguna otra vez por aquí. Dígame.

—Verá, vengo de parte de mi hermana, que no podía venir porque está muy ocupada... —la mujer se emocionó—. Es que, ¿sabe?, se nos ha muerto la madre.

—¡Cómo lo siento! La acompaño en el sentimiento. Lo siento muy de veras —dijo Honorio tomando las manos de la mujer entre las suyas.

—Así es la vida, señor. Ya era muy mayor, tenía muchas goteras y, en fin, lo que tenía que suceder ha sucedido.

—Lo siento, lo siento de verdad —insistió Honorio.

—Verá —prosiguió la mujer—, el caso es que Dolores me envía con el aviso de que no podrá venir más a limpiarle la tienda, porque nos vamos a volver al pueblo. Tenemos una pequeña casita y hemos pensado en irnos para allá.

Honorio se encontraba contrariado. Dolores, con sus cosas, era una mujer muy eficiente y, en varios años que venía ocupándose de hacer la limpieza de la tienda, nunca había tenido queja de ella.

Fue a la registradora y tomó varios billetes de mil pesetas.

—Quiero que le dé este dinero a Dolores. Es una gratificación, lo menos que puedo darle por tantos años de trabajar para mi comercio.

La mujer tomó el dinero.

—Mire, señor, no sé si hago bien en cogerle el dinero, me da vergüenza, pero me puede más la necesidad que la vergüenza.

—Nada de vergüenza, mujer, déme ese gusto.

La mujer le dio las gracias.

—Me costará encontrar otra limpiadora con el remango de Dolores. Ya lo siento, pero, en fin, así son las cosas. Tal vez ahora, le vaya mucho mejor con su marido y sea bueno para los críos.

—¿Marido? ¿Críos? —se extrañó Fermina—. Usted debe de estar confundido. Dolores y yo siempre hemos vivido con nuestra madre. Las dos somos solteras.

Honorio se quedó hecho cruces.

Como un león enjaulado

La salud de Honorio empeoró en los días siguientes. Orinaba poco y con dificultad. La orina aparecía turbia y oscurecida, de color casi castaño. Honorio tenía los ojos como hinchados y frecuentes dolores de cabeza. Andaba sin ganas de nada, como una sombra penante, ensimismado en melancólicos pensamientos. Venancio iba todos los días por la zapatería.

Como el malestar no tenía visos de remitir, Honorio —empujado por Venancio— volvió a la consulta del doctor Beltrán. El médico mortificó de nuevo a Honorio con toda suerte de reproches, manifestándole infundadas presunciones de cosas que hacía o dejaba de hacer. El zapatero aguantó la filípica con mansedumbre, y ocultó al doctor el dato principal: pese a haberlas comprado, no había tomado una sola de las pastillas que le recetara en la anterior ocasión.

El urólogo le tomó la presión arterial —que, naturalmente, era elevada— y le pidió unos análisis de orina. El resultado confirmó una seria disminución de la función renal, provocada no ya por el traumático apaleamiento a que Honorio fuera sometido por Amparo, sino sobre todo por el agravamiento de la nefritis, más ó menos crónica, que Honorio padecía.

El médico le recetó una nueva medicación —no sin amenazarle con ingresarlo en un hospital si desoía sus prescripciones—, le reiteró la misma dieta alimenticia —nada de pan, nada de leche, nada de huevos, nada de carne, nada, en fin, de proteínas— y le ordenó unos días de reposo absoluto.

A Honorio no le importaba prescindir de ciertas comidas —salvo si le quitaban los pasteles y los dulces— y, en un caso de fuerza mayor, aceptaba con resignación tomar medicinas, pero la idea de guardar cama le desquiciaba, porque se sabía incapaz de estar sin hacer nada.

—Hágase idea de que son unas vacaciones —le consolaba Venancio—. ¿Hace cuánto no se toma unas vacaciones como Dios manda?

—Menudas vacaciones más tontas —farfulló Honorio con desolación, sin ningún ánimo de considerar positivamente la situación—. ¿Qué objeto tiene que yo me coja ahora unas vacaciones, eh?

—Al cuerpo hay que darle lo que es del cuerpo —sentenció Venancio con esa convencida rotundidad con la que las gentes sencillas dicen las cosas más banales.

—¡Bah!

Honorio se metió en el almacén y anduvo unos minutos por entre las pilas de cajas, con los brazos en jarras, mirando lánguidamente a izquierda y derecha. Parecía un hacendado agrícola que, por causa mayor, ha de abandonar para siempre sus propiedades y hace su último recorrido, acumulando la primera gran dosis de nostalgia de lo que pronto tendrá irremisiblemente lejos. Venancio lo pilló así, plantado en uno de los pasillos, mirando fijamente a un punto indeterminado de las alturas que tenía su verdadera localización en el infinito.

—Cualquiera diría que se va usted a Sebastopol. Si van a ser sólo unos días, hombre, y ya sabe que yo me voy a ocupar de todo, que no es la primera vez. Acuérdese, hace cinco años, cuando se fue a Cestona. ¿Tuvo queja?

—Si no es por eso, Venancio, si no es por eso. Para estar tirado a la bartola, hay que valer.

Honorio dejó apalabrados con su colaborador todos los extremos de su forzosa retirada. Quedaron en hablarse por teléfono un par de veces al día y siempre que surgiera cualquier mínima novedad que Venancio no tuviera claro cómo resolver.

—Sobre todo, Venancio, no firme nada, que las cosas de firmar hay que mirarlas y remirarlas con mil ojos. Todo lo que sean facturas o letras lo aplaza o, si es caso, me las trae por casa, ¿estamos?

—Estamos —dijo Venancio con la solemnidad de quien sella un pacto de honor.

Al salir de la zapatería, Honorio echó un vistazo a la fachada de su comercio. «CALZADOS SIGÜENZA. Calidad, comodidad, buen servicio y mejor precio». Más que de Venancio, Honorio se despedía del cartel.

No tenía ninguna prisa por meterse en casa. Le iban a sobrar días para aburrirse entre cuatro paredes. A paso de turista, como explorando el barrio por primera vez, se encaminó hacia el Café Espronceda.

La gitana de la esquina le ofreció flores. Era una mujer pequeña, con el pelo cogido en moño, regordeta, de vientre característicamente voluminoso. Allí solía estar siempre, fuera verano o invierno, con calor o con frío, con sus flores expuestas en cajas de cartón y dentro del cochecito de paseo de un niño, anunciando a gritos su mercancía.

—Lléveme algo, señor, que las tengo preciosas —le dijo la gitana.

—Las últimas que me dio se me echaron a perder en un santiamén.

—Eso es por culpa de la calefacción. Sáquelas al fresco por la noche y verá cómo le duran.

—Veremos.

Honorio cogió un ramillete de margaritas, y protestó por lo que consideraba un alto precio.

—Es que la flor está cara, señor, y no se la puedo dejar más barata.

—¡Y tan cara! Casi tanto como el jamón.

Andando calle arriba, Honorio recordó una de sus más frecuentes fantasías infantiles. Nada más acostarse, todavía entre la vigilia y el primer sueño, en esos momentos en que los niños —y muchos adultos— aprovechan para dar rienda suelta a su imaginación, pensando quimeras y haciéndose protagonistas de historias tan deseables como imposibles, él solía figurarse que visitaba un campamento gitano en las afueras de la ciudad. Allí se metía en un carromato lleno de mujeres, se desnudaba y se tumbaba junto a ellas. Todas las mujeres estaban también en cueros, tenían la piel sucia, oscura y áspera, y muy caliente, y entonces él se meaba y se hacía cacas encima de ellas, restregándose contra sus cuerpos. Esta era una de sus ensoñaciones preferidas para antes de dormir.

Entonces se acordó también de su madre, que solía decirle, cuando él no le obedecía en algo, que le iba a devolver a los gitanos, que él no era de esa casa, que le habían adoptado de muy chiquito. Honorio nunca se lo creía. Le vino a la memoria la imagen de su madre, muy joven, haciendo las faenas de la casa con él siempre detrás pisándole los talones. Su madre solía cantar canciones y estaba siempre muy alegre. Luego dejó de cantar.

En el Café Espronceda, Luciano se extrañó de ver a Honorio desocupado a aquellas horas.

—Es que me he cogido vacaciones —dijo Honorio con intringante sorna.

El zapatero, pues, deseaba capitalizar la adversidad para atraer la atención e, incluso, las atenciones de los demás. Sin reparar en ello, sacaba a relucir un deseo insatisfecho de ser mimado, deseo que todos los hombres tienen y que a menudo esconden más los que se jactan de su soledad y presumen de ella.

Honorio hizo planes vagos con Luciano. El camarero le visitaría en su domicilio para pasar el rato echando una partida, o, simplemente, de charla. Las mismas perspectivas se consolidaron con Gregorio.

—Déjese de bobadas y cuídese, que lo primero es la salud —opinó el quiosquero.

Valeria había vuelto a sonreír, había recuperado ante Honorio una total franqueza y espontaneidad en su comportamiento. El zapatero, por su lado, ya no se sentía incómodo con la chica, pero su relación con ella estaba regida por una mera simpatía circunstancial, externa, y carecía de cualquier dimensión que no se pudiera achacar a la cordialidad que marca todo trato duradero.

Valeria, con toda seguridad, no era consciente de esto, mientras que Honorio sí percibía la ausencia de ese espesor indefinible que sólo viene dado por la acción impredecible del misterio. Antes podía pasar algo, estaba abierta la vía de lo desconocido. Ahora, Honorio sabía que nunca ocurriría nada. La muchacha era como tantas otras, una adolescente provista de un brillo vegetal.

—¿Y no sabe cuánto va a estar de baja? —preguntó doña Manuela envolviendo un pan de semillas de ajonjolí.

—Yo qué sé —dijo Honorio alzando los hombros—. Lo que diga el médico.

—Me da a mí que usted debe ser un mal enfermo —aventuró doña Manuela extendiendo una mano para cobrar.

—¿Y quién no? —preguntó Honorio afirmando.

—Pues hay que tener resignación, que de nada sirve hacerle un feo al destino —concluyó doña Manuela dándole las vueltas a una mujer con una toquilla azul.

En esto salió el señor Berganza, que se puso al tanto de la conversación, y aportó su visión del asunto.

—No hay peor enfermedad que pasarse el día trabajando. Como yo.

Y se retiró, con un saludo, hacia el horno.

Se fue Honorio para su casa cavilando sobre la mejor forma de plantear a doña Sabina, la portera, la situación. Iba a necesitar de la ayuda de la mujer, sobre todo para hacerle la compra y, eventualmente, la comida. Honorio pensaba, desde luego, permanecer en la cama el mayor tiempo posible —tal y como le había recomendado el médico—, pero no renunciaba a levantarse algunas horas.

Doña Sabina era una mujer muy dispuesta y servicial. Se ofrecía de continuo para cualquier imprevisto y cumplía sus labores con diligencia. Sin embargo, tenía el defecto —muy extendido entre las mujeres, pensaba Honorio— de pasar recibo de cuanto hacía o, mejor dicho, de no dejar nunca que su esfuerzo pasara desapercibido, recordando siempre sus méritos y ponderando su propia dedicación a las tareas de la casa. Este matiz le resultaba a Honorio un tanto engorroso, pues era de la opinión que todo afán tiene más valor si se hace aun a costa de que pase inadvertido.

—Si no estuviera una al pie del cañón —dijo efectivamente doña Sabina—, no sé qué sería de más de un vecino de esta casa. Quiera Dios darme salud que si no…, a ver cómo se las iban a apañar entonces ustedes.

Ese «ustedes» no le agradó demasiado a Honorio, que se sentía enfermo en exclusiva, y no quería ser uno entre muchos necesitados, todos bajo la tutela de esa especie de criada, monja y celadora en que se erigía doña Sabina. La sensación que le había entrado de formar parte de un colectivo de desvalidos le envejecía. No quería vivir como un asilado en su propia casa.

—Lo de hacerme la comida será excepcional, ¿eh? —aclaró molesto Honorio—. Total, para las tres patatas cocidas que voy a poder tomar.

—Déjelo de mi cuenta, don Honorio —dijo la portera sin enterarse—, que va a estar usted mejor atendido que en un hospital. Lástima que sólo se acuerden de Santa Bárbara cuando truena.

Honorio se fue hacia el ascensor, comunicando a doña Sabina que iba a hacer una inspección en su casa para ver de qué cosas de primera necesidad carecía y que hiciera el favor de pasarse en media hora para anotar los encargos.

—¿No ve usted que el ascensor está estropeado? —le gritó la portera con un brazo alzado—. ¿No se ha fijado en el cartel o qué? Ya veo que voy a tener que poner un aviso más grande que la mismísima puerta.

La consternación se apoderó de Honorio. No sólo estaba enfermo, sino que además no funcionaba el ascensor. Conforme subía las escaleras, despacio, bajo el peso de una fatal conjunción de infortunios, pensaba en sí mismo como en alguien inútil y desgraciado.

Al abrir la puerta de su piso, tuvo la sensación de que entraba en un territorio ajeno. Aquélla no era tanto su casa como un lugar de destierro al que era enviado contra su voluntad. Próxima la hora de comer, aquella luz gris, casi vespertina, tan tristona, daba otro significado a los familiares muros de pasillos y habitaciones.

Nunca estaba en casa a esas horas. Por ello, el color, la luz, la temperatura, el ruido y el olor de su propia casa le resultaban extraños. Se estaba instalando en un espacio inhóspito. Cuando no se anhela refugio ni reposo, toda madriguera es una jaula. Y Honorio se veía como un viejo león enjaulado.

Llegó hasta el cuarto de estar. Dejó el ramo de margaritas encima de la mesa. Se sentó en una silla mirando hacia la ventana, y así se quedó un buen rato, hasta que los timbrazos de doña Sabina le recordaron que para no hacer nada durante unos días debía poner en consonancia un montón de cosas.

Al levantarse tiró, con el codo, las flores al suelo.

La visita

Los días pasaron con lentitud, pero Honorio se aclimató a su retiro mucho mejor de lo que en un principio hubiera podido creer. A ratos aburrido, a ratos entretenido, Honorio sorteaba las horas engañando al tiempo. Incluso llegó a temer que se acostumbrara a no dar pique.

—Será que necesitaba este descanso —se decía a sí mismo justificando el placer que, a veces, hallaba en su ociosidad.

La inmovilidad, el régimen y las píldoras le hicieron mejorar manifiestamente. La orina se fue clareando, y cada vez iba al retrete con mayor frecuencia. El médico certificó sus progresos, aunque atemperó su impaciencia prohibiéndole volver al trabajo hasta después de Reyes.

—¡Con el lío que habrá en la tienda por estas fechas! —se lamentó Honorio.

—Más lío tendrá usted si no se pone bueno del todo —replicó el doctor con su habitual hosquedad.

Honorio solía hablar por teléfono con Venancio, que se había llevado a su hija, la pequeña, para que le echara una mano. En realidad, la vida del comercio no ofrecía muchas novedades.

Se habían presentado más viajantes con los modelos de la primavera, y Venancio, con insospechado buen criterio, les había pedido que volvieran pasadas las fiestas.

La radio no cesaba de emitir villancicos y anuncios de champán. Personajes populares felicitaban las Pascuas a los oyentes y, con las mismas palabras, les deseaban toda clase de venturas para el nuevo año. Paz, salud, amor, dinero, mucha suerte en la lotería... A Honorio no le agradaban los días de Navidad, no terminaba de estar a sus anchas en ese ambiente de buenos sentimientos y mejores intenciones que, a su juicio, se propagaba con ligereza y sin convicción.

—Al prójimo hay que quererle durante todo el año —le comentó una mañana a doña Sabina, que había subido a traerle la compra.

—Durante dos días, cualquiera —confirmó ella.

Honorio pasó solo la Nochebuena, la Navidad, Año Viejo y Año Nuevo, pero sin ningún duelo. La portera ofreció su casa, estimulándole con la promesa de guisos que él tenía prohibidos. Honorio rehusó amablemente la invitación. Le daba lo mismo.

—Cualquier otro día, con mucho gusto.

Sobre su mesilla de noche, en la consola del «hall» y sobre el aparador del salón, Honorio tenía varias reproducciones de la imagen de la Virgen de los Remedios en formato de postal. Echaba en falta, el hombre, sus despachos en la capilla de San Miguel. La Virgen, a no dudar, era una persona fundamental en su círculo de relaciones. Más allá de la costumbre, del mecánico cumplimiento de un ritual o de la liturgia de su ferviente tarea, esas charlas con la Virgen eran parte esencial de su comunicación con los otros y consigo mismo.

«Señora», decía Honorio tomando entre sus manos una de esas fotografías, «héme aquí, apartado de tu saludable compañía y, por ello, enfermo. La vida sigue dejando, aun en estos días, su cruel llaga de desamparo en el corazón de las gentes. Los hombres viven, a la lumbre del divino nacimiento, la ilusión de atender mejor la indigencia de sus semejantes. Pero sabemos bien que tal ficción puede tornarse cruda mentira, precisamente porque con el desvanecimiento del espejismo se hace más patente la insatisfacción de tantos afectos sin colmar.

»En estas jornadas, Madre, son muchos quienes se encuentran lejos de toda compensación. Se me rompe el alma de sólo pensar en la cosecha que queda sin recoger debido a mi postración. Sabia es tu voluntad, y así como el guerrero necesita descanso para empuñar con más ahínco y firmeza su daga, no se me escapa que has querido separarme por unos días de mis batallas para que vuelva a ellas con ardor renovado. Sea para bien y siempre en tu nombre.»

Estas y otras oraciones por el estilo surtían en Honorio un beneficioso efecto analgésico, no curaban su mal de raíz, pero aliviaban provisionalmente su padecimiento.

Por las mañanas, se levantaba tarde y desayunaba sin prisas. Luego se volvía a meter en la cama, ocupándose de la completa puesta a punto de su colección de sellos.

Hacía tiempo que necesitaba de unas horas para poner mejor orden en sus libretas, y en tal menester solía andar entretenido cuando llegaba la portera con la compra y los periódicos.

La mujer se iba para la cocina, y Honorio recogía los utensilios de filatélico y leía los periódicos. Descubrió en esos días el atractivo de muchas páginas a las que nunca prestaba atención. Sentado en su lecho, reclinaba la espalda sobre dos almohadones y bien abrigado, se ponía al tanto de la marcha del mundo. Tuvo, de pronto, la impresión de ser alguien poderoso. Era como si recibiera una información confidencial de cuanto acababa de suceder en el centro de Africa, en el sur de América o en la larga ribera asiática. Retuvo nombres de gobernantes y países de los que nunca había oído hablar, siguió de cerca el desarrollo de guerras y levantamientos, tuvo noticia de la evolución de secuestros y asedios. Llegó a esperar con verdadera ansiedad la prensa para conocer la última hora de unos disturbios callejeros que ya se prolongaban tres días con su ancha secuela de muertos y detenidos.

No era lo mismo que oír la radio. Por la radio, uno simplemente se entera de las cosas, pero el auténtico gusto viene de poder retener la información, calibrando cifras, releyendo declaraciones y estudiando los mapas o gráficos que, en ocasiones, acompañan las noticias. Honorio imaginó mismamente que manejaba informes exclusivos, elaborados expresamente para él.

Lamentó, entonces, no haber aprovechado en el pasado todas las posibilidades de distracción y aprendizaje que ofrecían los periódicos. El, como muy bien decía Gregorio, sólo se fijaba en las esquelas.

Volvía a levantarse, por lo general, para el almuerzo. Antes de sentarse a la mesa, hacía su aseo personal. Doña Sabina le dejaba la comida a punto, él no tenía más que calentarla. Honorio había creído que no le iba a costar trabajo llevar la dieta a rajatabla, y así ocurrió en los primeros días, pero luego comenzó a hartarse de la dichosa tapioca y el dichoso pescado hervido.

—Eso no es más que comer por comer —se decía.

Y añoraba los potajes de garbanzos, las alubias coloradas, las chuletitas de cordero y la lengua estofada que solían servirle en el Restaurante Sepúlveda.

—Lo que son las cosas —pensaba él—, siempre se quiere lo que no se tiene.

Venía esa reflexión a cuento de la cantidad de veces que Gregorio y él se habían quejado de la poca variedad de los menús del día de la casa de comidas. Puestos a echar en falta, Honorio añoraba incluso a Zamora, un camarero del restaurante Sepúlveda, un tipo muy posturitas, rollista y respondón que atendía a la clientela con particular descaro y más labia de la conveniente.

Que un plato llegaba frío, Zamora decía que era culpa del nuevo cocinero turco. Que una carne estaba dura, Zamora decía que estaba hecha al estilo inglés. Que unos guisantes estaban tiesos, Zamora argumentaba que así conservaban mejor todas sus vitaminas. A veces tenía gracia, y los clientes seguían con resignación sus francachelas, pero, en otras ocasiones, su atrevimiento se pasaba de la raya y daba lugar a roces y protestas.

Lo peor fue un día en que Doña Eugenia se le presentó con una bandeja de huevos a la flamenca. La buena señora había puesto el mayor empeño, y el plato tenía una pinta superior, bien pasadito al horno, con su salsa de tomate, sus pedacitos de jamón de york, su chorizo, sus habichuelas verdes y sus patatas fritas en cachitos.

Honorio —«¿para qué se ha molestado?»— no supo qué decirle a doña Eugenia —«de molestia, nada»—, temeroso de que si le ponderaba el guiso en exceso, la mujer se animaría a prepararle otras variedades de su repertorio y, si le decía la verdad, que no podía probarlo, iba a resultar decepcionante para la señora, le iba a dar un buen disgusto.

Tanto doña Eugenia como María Magdalena y doña María, solían hacerle alguna visita. Las dos primeras, que conocían la tienda, preguntaron a Venancio —que avisó a Honorio por teléfono— por el domicilio del zapatero. Y doña María hizo sus averigüaciones en la Plaza Moratín, entre los filatélicos.

Honorio recibía después de la siesta. Se echaba nada más comer, más con la intención de acortar un poco la tarde —se le hacía larga— que de dormir. Muchas veces ni bajaba la persiana ni nada. De cualquier manera, siempre terminaba dando alguna cabezada, cuando no durmiendo como un lirón.

—¿No me encuentran más gordo? —les preguntó un día a Luciano y a Gregorio, que habían ido a pasar un rato con Honorio y a hacer una quiniela entre los tres.

—Si usted lo dice —dijo Gregorio con un gesto de duda.

—Puede que esté echando tripa —dijo el camarero señalando.

—Pues no será de comer, con este régimen de sanatorio —se dolió Honorio.

—Es de no hacer nada, todo el día sentado en la cama, sin mover un músculo ni hacer ejercicio. Eso influye —comentó el quiosquero.

Desde ese día, Honorio empezó a dar unos paseos. No salía a la calle, naturalmente, sino que se organizó un recorrido por la casa. Comenzaba en el cuarto de estar, seguía por el largo pasillo hasta el jol, donde daba una pequeña vuelta circular, volviendo otra vez por el pasillo, girando a la derecha a la cocina, bordeando la mesa, saliendo otra vez al pasillo y entrando, por fin, en el cuarto de estar. Repetía este itinerario diez o quince veces, hasta que se hartaba. O lo interrumpía para colocar bien un cuadro que parecía desnivelado, o para guardar en la nevera unas lonchas de york que había dejado fuera, o para vaciar el orinal que descubría lleno debajo de su cama. Y luego seguía.

Después de la siesta, a media tarde, Honorio se levantaba otra vez. Solía instalarse en la sala de estar, uno de esos cuartos mitad salón, mitad comedor. La habitación era alargada, rectangular, con un balcón que daba a la calle, la única estancia exterior de toda la casa. En uno de los lados, había un tresillo de piel negra con una mesita revistera, de esas bajitas, y una lámpara de pie en el rincón. En la pared del sofá un gran espejo de marco de madera policromada.

Una alfombra grande, cuadrada, de color beige, con flores en verde y rosa muy pálido, ocupaba toda la parte central. Allí había una mesa de comedor, con cuatro sillas a juego —o sea, de la misma madera— y un florero de cerámica, azul y blanco, sobre un tapete hecho a mano.

En el otro extremo, frente al tresillo, Honorio tenía un aparador de mucha cabida, del mismo estilo y material que la mesa y las sillas, en cuyos departamentos guardaba vajillas y cubertería que no usaba nunca, y, en las baldas, tras las puertecillas de cristal, sus álbumes y el instrumental de los sellos, y algunos libros variados. El mobiliario se completaba con más sillas, el bureau y diversos cuadritos y litografías, entre ellas una que representaba una enorme mariposa de alas verdosas y negras revoloteando sobre dos rosas —una roja, otra amarilla—, que daba un inesperado matiz estridente a las paredes pintadas del color de los huevos morenos.

Honorio cenaba pronto, entre siete y media y ocho, a la francesa, y se retiraba a su dormitorio, generalmente a escuchar la radio. Si había dormido la siesta hallaba dificultad para coger el sueño, y se ponía nervioso dando vueltas de un lado para otro, no sabiendo qué postura tomar. Se acordaba entonces de un dicho que solía emplear su padre cuando le mandaba a acostar.

—A la cama que es buen prado, si no se duerme se está echado.

El primer domingo del año fueron a pasar la tarde Luciano y Gregorio. Se presentaron a las cuatro y media, como un clavo, para no perderse el programa deportivo.

—¿A qué vienen ustedes? ¿A verme a mí o a escuchar la radio? —les preguntó Honorio enfurruñado.

Nada más llegar, le habían hecho sacar el aparato y no perdían detalle de las conexiones y de la marcha de la jornada liguera.

—Y a ver si se compra una televisión —le dijo Luciano al cabo de un rato, de repente, como contestando a su pregunta.

—Sí, hombre, lo que faltaba.

Honorio pasó unas horas entretenido, aunque sin participar del acaloramiento de sus dos amigos, Luciano y Gregorio se conocían al dedillo la mecánica de la emisión. Sabían los nombres de todos los locutores, la posición de los equipos en la tabla de clasificaciones, la lista de los máximos goleadores y, en fin, toda una serie de detalles que a Honorio le resultaban ajenos por demás.

Honorio, más que a escuchar el programa, se dedicó a observar a sus amigos. Discutían, se llevaban la contraria cada dos por tres, se quitaban las palabras de la boca, hacían comentarios atropellados sin prestarse atención el uno al otro.

—Este árbitro es muy casero.

—Al Sevilla siempre se le ha dado muy bien el campo del Málaga.

—El Zaragoza, sin Alcántara, no tiene nada que hacer.

—El Betis no mete goles porque se ha quedado sin extremos.

—Mientras sigan bombeando balones no van a rascar bola, porque ellos les ganan por alto.

—Han perdido el centro del campo, y ya no levantan cabeza.

—Rosales siempre ha sido un marrullero.

Estos y otros juicios, expuestos y dichos con seguro aplomo, como verdades universalmente sabidas, asombraban a Honorio.

—Lo que no entiendo es cómo es posible que, sabiento tanto, no acierten nunca las quinielas —les dijo para picarles.

Y Gregorio, sin mirarle, dando una chupada a su puro, le contestó:

—Es que el fútbol no es una ciencia exacta. El fútbol es el fútbol.

—Será.

Se fueron hacia las ocho. No acertaron la quiniela, pero Luciano dijo que había habido muchas sorpresas.

—Con ocho variantes, ya me dirá...

—Más les valdría rellenarla con los dados —apostilló Honorio.

—Bah, eso no tiene gracia —le contestó Gregorio poniéndose el abrigo.

—Pues así suelen hacer los que sacan catorce —le pinchó Honorio.

Y Luciano dijo:

—Sí, porque no entienden.

Honorio les acompañó a la escalera, dio la luz del rellano y esperó a que llegase el ascensor. De vuelta, abrió el balcón para ventilar. La sala estaba llena de humo y el olor a tabaco era fortísimo.

En la víspera de Reyes, Honorio pasó una tarde muy revuelta. Estaba echado en la cama, aunque sin dormir, medio amodorrado, cuando sonó el timbre.

Se puso las zapatillas y el batín encima del pijama, y salió a abrir. Era doña Eugenia.

—¡El Rey Melchor! —gritó la mujer a modo de saludo, enarbolando un paquete envuelto con cintas y papeles de colores.

Doña Eugenia tenía un humor muy variable, pasaba de la risa al llanto con gran facilidad. Tan pronto se comportaba con irrefrenable euforia como se sumía en lloriqueos. Tenía días en que parecía que iba a comerse el mundo y otros en que no hacía más que compadecerse de sí misma. La gente, sin embargo, la consideraba una mujer muy animada, y sólo quienes tenían cierta intimidad con ella sabían de su propensión a la melancolía.

—¿Pero qué es esto, doña Eugenia? —exclamó Honorio sorprendido.

—Regalos, regalos, regalos —dijo la mujer agitando el paquete y plantándose en cuatro zancadas en la mitad del pasillo.

Doña Eugenia era una mujer de carnes menguadas, mucho más ancha de caderas que de hombros. Tenía la piel muy fina, una de esas pieles como desgastadas, algo ásperas, que avisan de unas carnes blandas y que desflecan el cuello en múltiples arrugas. Su pelo castaño era ya escaso, con síntomas obvios de alopecia, esa clase de pelo adelgazado y débil, cuya insuficiencia doña Eugenia disimulaba con un cardado —similar al de los algodones de azúcar que venden en las ferias— que pretendía tapar huecos.

Honorio la pasó a la sala de estar, pero al percatarse la mujer de que estaba en pijama, le obligó a volver a la cama. Doña Eugenia dejó el paquete sobre el lecho y se sentó en una silla, frente a Honorio, junto a una sólida cómoda de roble oscurecido con nogalina.

Atosigado por la mujer —«ábralo, a qué espera, ábralo»—, Honorio comenzó a quitar cintas y lazos, papeles y etiquetas, descubriendo pronto que el voluminoso paquete estaba organizado en plan de broma. A una caja le sucedía otra más pequeña, y así varias hasta que, por fin, dio con la que parecía ser la última y descubrió en su interior unos gemelos de oro con sus iniciales.

—Pero, bueno, para qué se ha molestado... —Honorio estaba de verdad algo abrumado.

—Ah, son mis Reyes. ¿O es que yo no puedo traer regalos a quien me dé la gana? —repuso ella con sinceridad y con esa sutil demostración de desapego que aún honra más a quien exhibe su desprendimiento.

—Le hubiera bastado con cualquier tontería —Honorio miraba los gemelos como al trasluz—. Estas piezas deben valer un dineral.

—Para eso está el dinero, para gastárselo con quien se lo merece.

—¿Y yo me merezco este gasto?

—Usted se merece eso y más —replicó doña Eugenia acercándose a la cama—. Mire, de oro auténtico, aquí tiene el contraste.

—Ya veo, ya. ¡Menuda!

Estaban en ésas, cuando volvió a sonar el timbre de la puerta. Doña Eugenia se ofreció a abrir. Honorio reconoció al punto la voz de Magdalena, cuyos tacones resonaban casi metálicamente sobre las tablas del pasillo.

—¿Cómo está el enfermo? —preguntó espléndida María Magdalena parándose en el umbral de la habitación.

—Ya ve, aquí —contestó Honorio con un espontáneo deje de autoconmiseración.

—Mimo es lo que usted tiene, mucho mimo de tanto contemplarle. Le hacemos demasiado caso, ¿no le parece? —dijo María Magdalena volviéndose hacia doña Eugenia.

—Diga usted que sí —respondió doña Eugenia.

María Magdalena se quitó su abrigo de mouton y se sentó a los pies de la cama.

—Está visto que hoy es tarde de regalos —dijo mientras abría su bolso—. Tenga, el mío, aunque yo no sé si no le vendría mal un poco de carbón.

—Del dulce. Pobre —remachó doña Eugenia en un tono estrictamente maternal.

Honorio tomó de manos de María Magdalena un paquetito alargado que resultó ser un frasco de colonia.

—Si yo no uso perfumes —se lamentó Honorio.

—Esto no es un perfume. Esto es colonia. De caballero —aclaró Magdalena.

—Si a mí con la loción de afeitar me sobra —aclaró el zapatero.

—Pero, ¡habráse visto! —dijo Magdalena con retórico enfado—. Ahora, los hombres se echan colonia, ¿o es que no lo sabe usted?

María Magdalena arrebató el frasco a Honorio, lo abrió, echó una pizca de su contenido en una mano y peinó los cabellos del enfermo, que hizo un gesto como de asco echándose hacia atrás. La mujer, sin amilanarse, echó unas gotitas sobre la almohada y sobre las sábanas.

Honorio protestó.

—Aquí huele a *boudoir* —dijo con una mueca.

—Y antes olía a asilo de las Hermanitas de los Pobres —contraatacó, rauda, María Magdalena.

Doña Eugenia seguía toda la escena de pie, recostada en la cómoda, y asentía a cada afirmación de Magdalena. Las dos mujeres se sentaron en sendas sillas, y Magdalena sacó de su bolso una cajetilla de cigarrillos rubios americanos.

—¿Fuma usted? —le ofreció a doña Eugenia.

—Huy, no, por Dios, que en seguida me mareo —rechazó negando con un dedo.

Magdalena encendió un pitillo y cruzó las piernas. Llevaba unas medias negras y un vestido violeta, tirando a morado, de punto, muy elegante.

—Ustedes no se conocen, ¿verdad? —preguntó Honorio.

Entonces hizo las presentaciones. Ambas mujeres se levantaron para besarse en las mejillas y volvieron a sentarse. Doña Eugenia era como diez años mayor que Magdalena, y se notaba a la legua su diferente posición social.

—Y yo que, a usted, la quiero conocer de algo —dijo doña Eugenia—. Su cara me suena y no sé de qué.

—Pues no sé. ¿De la piscina?. ¿Va usted al Club de Tenis? —trató de averiguar Magdalena.

—No, qué va, hace años que no piso una piscina.

—Pues no sé. El caso es que yo también quiero conocerla de algo.

—Igual es de la parroquia —dijo convencida doña Eugenia.

Magdalena iba a contestar que hacía años que no pisaba una iglesia, pero el timbre de la puerta la salvó de meter la pata.

—Voy yo —dijo Magdalena— que, de paso, tengo que buscar un cenicero.

—Lo encontrará en el cuarto de estar, al fondo del pasillo —le indicó Honorio.

Poco después entraba en la habitación doña María, que, al ver a doña Eugenia, no pudo por menos que expresar su asombro por tanta concurrencia.

—Hay que ver, Honorio, está usted mejor cuidado que el Marajá de Kaputania.

—No, si yo no me quejo.

Regresó Magdalena con el cenicero y se fue a por una silla porque ya no había donde sentarse. Honorio volvió a hacer nuevas presentaciones, y las mujeres entablaron una conversación realmente deslavazada. De pronto se dieron cuenta de que Honorio se estaba quedando adormilado, aburrido de que no le prestaran atención. Magdalena, de todos modos, no se encontraba bien con las otras dos señoras. A doña Eugenia la encontraba simple y ñoña, mientras que doña María se le antojaba vulgar, de unas gorduras excesivamente domésticas.

—Honorio, que se nos va a quedar roque, y nosotras como papagayos. ¿Quiere tomar algo?, ¿quiere que le preparemos algo de merendar? —dijo doña Eugenia.

—No, no, gracias, si acabo de comer como quien dice —respondió Honorio, con la cabeza hundida en la almohada y tapado hasta la barbilla.

—¿Y si le preparo una infusión, Honorio? Las infusiones ya sabe que son diuréticas, y usted necesita orinar —dijo Magdalena.

—No, gracias, si ya voy bien, no necesito. Gracias.

—Si quiere, me dice donde tiene unas cartas y jugamos una partidita. Tiene una cara de aburrimiento —dijo doña María haciendo una especie de puchero.

—Deje, deje. Si yo estoy bien, así, sin más.

—Pues vaya —se lamentó doña Eugenia—, no sé para qué hemos venido. Estamos aquí como tres pasmarotes.

Entonces Magdalena se puso de pie. Se llevó la mano a la espalda, a la nuca, y comenzó a bajar la cremallera de su vestido, ayudándose después con la otra mano. El vestido se deslizó hasta su cintura, ella lo empujó hasta los pies y se quedó en combinación. Se volvió a sentar. Recogió el vestido del suelo, levantando los dos pies sucesivamente, y retiró de los hombros los tirantes de sus enaguas. Y mientras se desabrochaba el sostén dijo:

—Honorio, le voy a enseñar las tetas.

Y se quitó el sujetador dejando al aire sus hermosos pechos, que sostenía con las manos y, de vez en cuando, manoseaba, acariciando los pezones que se pusieron rudos y saltones.

Honorio no decía nada. Doña Eugenia inició la misma operación, quitándose su chaqueta de lanilla y desabotonándose la blusa. Al despojarse del sostén, mostró sus tetas escurridas.

Así permanecían las dos mujeres, desnudas de cintura para arriba, refregándose el busto, cuando doña María se levantó, se acercó a la cama y se sentó junto a la cabecera. Deslizó su mano izquierda bajo las sábanas y tomó entre sus dedos el miembro de Honorio.

El zapatero seguía sin decir palabra. Doña Eugenia se tocaba con sosería, mirando de reojo a

Magdalena, que movía el culo sobre su silla y se acariciaba la tripa e, incluso, hacía incursiones fugaces en el sexo.

Doña María tenía bien agarrado el falo de Honorio, lo agitaba con desenvoltura conforme lo sentía prosperar entre sus manos, y así continuó un rato.

Honorio nada más correrse, les dijo a las dos mujeres:

—Vístanse, que se van a resfriar.

Las amazonas

Caminaba por un terreno abrupto y embarrado, enmarañado de gruesas raíces retorcidas y arbustos con pinchos que se adherían a su ropa. El suelo estaba húmedo, fangoso, resbaladizo. Le rodeaba una vegetación alta y tupida, de un verdor tan fuerte que terminaba ennegreciéndose. Apenas se filtraba la luz, allá arriba, donde las ramas más altas se expandían en formaciones reticulares caprichosas y desorganizadas. Un ruido animal ensordecedor le distraía de la visión del camino.

Luego llegó a una zona más despejada. El sendero era más amplio y estaba flanqueado por macizos de hierba amarillenta. Los árboles, informes y de especies desconocidas, hacían pared a unos metros de distancia y dejaban huecos irregulares, aberturas amenazantes de las que podía surgir cualquier fiera poco amigable.

Aceleró el paso al percibir un crujido constante a sus espaldas. Andando casi a la carrera, el murmullo perseguidor se convirtió en un trotecillo acompasado de un jadeo ronco, y cuando tuvo valor para volver la mirada vio un tigre monumental, hermosísimo y aterrador.

Entonces se puso a correr con toda la velocidad que le permitían sus piernas, y a la bestia que resoplaba a sus espaldas y hacía restallar sus dientes, se unieron otras varias que iban saliendo de entre el espeso ramaje.

De pronto, el sendero se abrió a una gran llanura reseca, maltratada por un sol cegador que había robado al cielo todo su azul. Frente a él, treinta metros por delante, había un pequeño automóvil. Aceleró la carrera para alcanzarlo y, a cada zancada, veía cómo a su alrededor se desperezaban más y más tigres que estaban tumbados, confundidos e inadvertidos contra el suelo terroso sembrado de palos grisáceos que se rompían y saltaban bajo la presión de sus zapatos.

Se introdujo en el coche a trompicones, con los pulmones desinflados por la galopada, mientras los tigres arañaban la chapa y aplastaban sus fauces contra los cristales de las ventanillas. Aunque los animales zarandeaban el vehículo, se sintió a salvo, suspiró profundamente y se dispuso a poner el automóvil en marcha para escapar de allí lo antes posible.

La llave no estaba puesta en el contacto y, cuando comenzó a buscar entre sus pies, por si hubiera caído, vio en la alfombrilla docenas de víboras untuosas que se retorcían nerviosamente y alzaban las cabecillas mostrando sus siseantes lenguas bífidas.

Todo el interior del coche estaba lleno de serpientes y culebras de distintos tamaños, y los tigres, afuera, permanecían ahora quietos, con sus ojos de fuego fijos en el automóvil, esperando.

Honorio se despertó desasosegado, con el pijama pegado al cuerpo. Eran las siete y media de la mañana.

El zapatero se dirigió a dar gracias a la iglesia de San Miguel. El médico le había dado de alta.

Era su primer día de trabajo después de su larga indisposición. En la calle hacía un frío que pelaba. Quedaban rastros de una segura helada nocturna, con la mañana muy clara y despejada, y un aire de frialdad afilada que atacaba sobre todo a las orejas.

Algunos comercios conservaban todavía sus adornos navideños. En los escaparates se veían aún nacimientos, bolitas de colores y nieve de conglomerado. Por las aceras, había restos de confetis y serpentinas. Algunos empleados municipales retiraban de los bulevares guirnaldas de bombillas, ahora definitivamente apagadas y tiznadas por el polvo y la contaminación.

Honorio se arrodilló en la capilla de la Virgen. Un feligrés encendía una lamparilla votiva y una vieja rumiaba el Vía Crucis de cara a la pared. El zapatero entrelazó sus manos contra la frente y agradeció a la Señora su restablecimiento. Todo volvería a ser como antes: visitas casi diarias y buenos informes de nuevas acciones al servicio de la causa suprema del amor.

Honorio evitó ese día su recorrido habitual. Pensó que tanto Gregorio, como Luciano, como doña Manuela y Valeria le iban a retener con lisonjas y parabienes, al verle curado, más tiempo del necesario. Le compró los periódicos a un hombrico que vendía la prensa junto al mercado, un tipo bajito, esmirriado, bastante chiflado, al que llamaban «El Sargento» porque tenía la manía de hacer saludos militares. Solían decir que en la guerra había sido requeté y que una bala le había peinado la cabeza y, desde entonces, estaba medio turulato.

Los críos le hacían desfilar y se reían de él. El hombre, cuando se daba cuenta, los perseguía y los chavales aún disfrutaban más de la broma. Los domingos se ponía una medalla sobre la esclavina de su abrigo. «El Sargento» era un hombre muy nervioso, andaba un poco como Charlot y siempre tenía la lengua fuera. Era muy atento con las mujeres, a las que solía coger los bolsos de la compra y los llevaba hasta le esquina, como haciendo un gran favor, y luego volvía corriendo a su puesto.

Conforme llegaba a la tienda, vio una aglomeración de mujeres junto a la puerta. Eran diez o doce, o quizá más porque formaban fila y Honorio no distinguía bien dónde acababa la hilera.

El zapatero se estremeció. Recordó que Cándido y Amparo le habían comentado que su actividad había trascendido a ciertos círculos. Todas aquellas mujeres le estaban, sin duda, esperando. Se habrían presentado en su ausencia y, quizá cada día, desde Dios sabe cuándo, aguardaban su vuelta al trabajo.

Honorio estaba desconcertado. No entendía por qué Venancio no le había puesto al tanto por teléfono. Pensó que su ayudante no había querido preocuparle, aunque, por otra parte, eso le extrañaba porque Venancio no estaba al corriente de sus realizaciones.

Algunas de las mujeres le observaban ya con atención y, al mismo tiempo, Honorio vio que Venancio se acercaba de frente haciéndole gestos de saludo. Así que optó por seguir caminando, haciendo como que nada, y encarar la situación según viniera.

—¿Cómo estamos, Honorio? —dijo Venancio dándole un amago de abrazo—. Tiene usted un aspecto estupendo.

—Cuando eso es verdad, no hace falta decirlo —le respondió Honorio con semblante cáustico, mirando de reojo a las señoras que ya empezaban a alborotarse.

—Si se lo digo en serio, hasta está más sonrosado —dijo Venancio sonriente mientras los dos entraban en la tienda y Honorio indicaba con un gesto a las mujeres que esperaran unos instantes.

Ya dentro, Honorio inquirió a Venancio:

—¿Y estas mujeres?

—Estas mujeres, ¿qué?

—¿Que qué hacen aquí todas estas mujeres? —replicó Honorio señalando firmemente con un dedo al exterior.

—Ah, pues no sé —contestó Venancio, con cara de bobo, mirando hacia la calle—. Las rebajas, supongo. Claro. Es que he puesto ya las rebajas. ¿He hecho mal?

Honorio negó lentamente con la cabeza.

—No, no has hecho mal, pero eso se avisa, Venancio, se avisa.

—Hombre, yo, como siempre ponemos las rebajas por estas fechas, pues pensé que no tenía ni que consultarle.

—Abra, abra usted, y no se preocupe, que ha hecho estupendamente.

Venancio abrió la puerta, y las mujeres entraron en tropel. El zapatero se acercó a los escaparates, descorrió un poco las cortinillas y vio, en las lunas, las anchas franjas de cartulina rotuladas que anunciaban las rebajas y las pequeñas tarjetas encima de cada modelo con el precio antiguo tachado en azul y el nuevo puesto en rojo. Y fue a ponerse el guardapolvo para atender a la clientela.

Durante la comida, en el Restaurante Sepúlveda, estuvo repasando las esquelas que había ido recortando en los días de su enfermedad. Tenía hecha una preselección de recortes y decidió empezar por un caso que le quedaba muy a mano. A cinco manzanas de Calzados Sigüenza, en una bocacalle, había fallecido, justamente en Nochebuena, una señora de setenta años. En la relación de deudos, sólo figuraba una hija, de nombre María Lourdes.

Por esta circunstancia, y siguiendo sus patrones de deducción, Honorio coligió que la huérfana rondaría la cuarentena y que su estado civil no había de ser otro que la soltería. En la tipología de Honorio, estaba, en apariencia, ante un caso ideal.

Tanta era su impaciencia por entrar en acción que, tras consultar el reloj y ver que disponía de algún tiempo hasta la hora de volver a abrir la tienda, se acercó a la dirección que venía consignada en la esquela como lugar de partida en la conducción del cadáver.

El portal estaba cerrado. Honorio, a la espera de que entrara o saliera algún vecino del inmueble, echó una mirada a la fachada de la casa, un edificio de cinco alturas, de ladrillo rojizo.

La puerta, pasados unos minutos, se abrió, por fin, y Honorio se acercó. Una señora que salía le miró con esa desconfianza tan antipática con que las mujeres suelen escrutar a los desconocidos que se adentran en sus terrenos. A punto estuvo la mujer de preguntarle qué buscaba o qué deseaba con ese tonillo inquisitivo que también comparten los polícias y los porteros de las casas bien.

Honorio husmeó en los buzones hasta localizar el nombre de la señora fallecida, anotando el piso y la mano en el margen de uno de los recortes. No se decidió a subir porque ya no disponía del tiempo suficiente para llevar a cabo toda la operación de toma de contacto.

Nada más abrir la tienda, buscó en el listín de

telefónos el nombre y la dirección, e hizo la correspondiente llamada. Se puso una mujer.

—Dígame.

—¿La señorita María Lourdes?

—Al aparato.

—Encantado de saludarla.

—El gusto es mío.

—Mire, soy Honorio Sigüenza...

—¿Me llama por lo del anuncio? —preguntó la mujer con cierto alborozo.

—¿El anuncio?

—Sí, el anuncio de la sección de «contactos» de «Hogar y Familia» —dijo la otra como convencida de que no podían llamarla más que por el mencionado anuncio.

—Pues no, pero...

—Ah, pues yo creía que me llamaba por lo del anuncio, como allí daba mi teléfono, ¿sabe?

—No, pues mire, no he visto el anuncio, pero el caso es que tengo interés en saludarla y...

—Es que me habían dicho que, con el anuncio, me llamarían en seguida, y como usted me ha llamado tan pronto...

—No, pues no, ya le digo que...

—Aaah, entonces me llama por algo de la tienda.

—No, señorita, tampoco, no.

—¿Ah, no? ¿No me llama para nada de la mercería?

—¿Tiene usted una mercería?

—Sí, señor.

—Pues yo también tengo un comercio. ¡Qué coincidencia!

—Sí.

—Yo tengo una tienda de zapatos.

—Ah, qué casualidad. ¿Y cómo se llama?

—¿Yo?

—No, la tienda.

—Como yo, o sea, Calzados Sigüenza.

—Aaah, la conozco. Pero nosotros no nos conocemos, ¿verdad?

—No, pero precisamente yo la llamaba con la intención de conocerla.

—Entonces me llama por lo del anuncio...

—No, señorita, no.

—Huy, pues qué chocante. Es que yo, ¿sabe?, he puesto un anuncio en la sección de «Contactos» de «Hogar y Familia», un aviso de ésos, o sea, para conocer a algún caballero, ¿me entiende?

—Ya, ya, ahora caigo, claro, por eso usted pensaba...

—... que me llamaba por lo del anuncio.

—Ya, ya —Honorio se echó a reír—. Bueno, pues para el caso es lo mismo. Yo, ya le digo, tendría interés en conocerla.

—Encantada. ¿Usted no será casado? —preguntó María Lourdes con repentino recelo.

—No, no, qué va.

—¿Ni viudo?

—Tampoco, no.

—Es que los viudos, ¿sabe?, me da a mí que tienen muchas mañas.

—Pudiera.

Honorio y María Lourdes apalabraron una cita en la mercería. El zapatero llamaría primero por teléfono para confirmar.

—Me recoge en la mercería a última hora, y damos una vueltecita. ¿De acuerdo?

—Perfectamente.

—Bueno, pues hala, hasta otro ratito. ¡Qué chocante! Mira que haber llamado sin haber visto el anuncio.

A Honorio la conversación le dejó un tanto preocupado. Quizá no acabó de gustarle el hecho de que la mujer buscara relaciones con varones por medio de la prensa o tal vez fuera por el tono de voz de María Lourdes, que tenía una cresta puntiaguda y arrastraba las vocales finales de las palabras y las frases como haciéndose eco a sí misma. Sea por lo que fuere, la mujer no era de su completo agrado, pero la obligación —pensó— era la obligación.

A eso de las seis y pico de la tarde apareció por la tienda María Magdalena.

—Viene usted hecha un brazo de mar —le dijo Honorio con galante admiración.

—Es que nos vamos al teatro... —contestó ella palmeando su bolso.

—Hace que no he ido al teatro... puf. No estoy para teatros —rechazó Honorio.

—Pues claro que va a estar. No me irá a hacer ese feo, después de que he comprado las entradas y todo —repuso María Magdalena con un enfado real y retórico a la vez.

—Es que yo tenía otros planes —Honorio pensaba en la mercera.

—Ya puede ir cambiando de planes. Nos vamos al teatro —aseguró Magdalena con total convicción—. He cogido unas localidades buenísimas, delanteras y centrales. Así que ya se puede ir preparando.

Venancio formuló entrecortadas alusiones a la necesidad de distraerse, de salir por ahí, de no ir de casa al trabajo y del trabajo a casa, de relacionarse, de hacer vida social, de alternar, y entre él y María Magdalena acosaron a Honorio, que terminó aceptando la invitación. Pasó a la trastienda a cambiarse y, de paso, llamó a María Lourdes y quedaron para el día siguiente en la mercería.

—Que ustedes lo pasen bien —les despidió Venancio desde la puerta, poco menos que como si se fueran de viaje.

Magdalena y Honorio tomaron un autobús. Se bajaron al final de la Avenida de Martínez Fuentes y siguieron andando un rato por Romera y Alfonso V hasta la Plaza de París. La ciudad, por toda esa zona, era un hormiguero. El tráfico rodado era abundantísimo. Las aceras contenían una riada de gente que entraba y salía de cafeterías y comercios, o hacía cola ante las taquillas de las salas de espectáculos, o se arremolinaba en prietas concentraciones ante los pasos de peatones.

Paseantes de brazos caídos se cruzaban con mujeres cargadas de paquetes. Jóvenes parejas se besaban en los puntos de cita acordados, mientras matrimonios mayores salían de los bares rebuscando en sus bolsillos los billetes para entrar en cines y teatros. Los guardias de la circulación no cesaban de agitar sus brazos y darle al silbato para canalizar a los automovilistas que, a menudo, perdían la calma y hacían sonar sus bocinas. Honorio, que no frecuentaba esa parte de la ciudad, estaba un tanto aturdido entre tal efervescencia.

—Hay que ver, ¡menuda animación! —le comentó a María Magdalena, que sonrió.

De improviso, Honorio le espetó a Magdalena:

—Y usted, ¿por qué hace esto conmigo?

—Toma, pues para que pase un buen rato.

—No le hablo de eso. Le pregunto por qué me busca, por qué se relaciona conmigo, por qué ha insistido en tener trato carnal conmigo...

—¡Trato carnal! —Magdalena lanzó una risotada—. Tiene usted una forma de hablar que es tronchante, vamos.

—Usted ya me entiende.

—Bueno...

—Usted es una mujer de mundo, una mujer con mucha escuela. Se desenvuelve en otro ambiente, con otra gente muy distinta a mí. Usted podría encontrar lo que busca en hombres más de su estilo. ¿Qué hace usted, tan bien vestida, tan estupenda, tan atrevida, con un comerciante?

Magdalena, que iba del brazo de Honorio, se paró.

—¿Cómo explicárselo? Yo misma, si le he de ser sincera, no lo sé muy bien —Magdalena hablaba muy seria—. ¿Cómo explicárselo? Mire, yo me he calzado muchos hombres, muchos, pero aún no he encontrado la horma de mi zapato, ¿comprende? Y usted es una buena persona. Eso no sé si me admira o me excita, pero, de todos modos, me gusta.

Honorio se quedó callado unos instantes.

—Magdalena...

—Dígame.

—Usted no se burla de mí, ¿verdad?

Magdalena se echó a reír.

—¡Qué cosas tiene, Honorio!

Y le tomó de nuevo del brazo, y siguieron andando camino del teatro Olimpia. En las carteleras, en uno de esos enormes murales de colores rodeado de bombillas encendidas, se podía ver el título de la función: «Las remeras del Ebro», con la supervedette Rita Muñoz. Una obra de revista.

El Teatro Olimpia era un local centenario, un vetusto edificio de pretensiones neoclásicas, oscurecido por el tiempo y desconchado por la humedad. Honorio recordaba haber ido de muy pequeño, con sus padres, a ver comedias para niños organizadas en el marco de campañas benéficas. A los críos les entraban ganas de mear, y algunas madres, por no llevarles en mitad de la representación hasta los urinarios, les ponían a hacer pis en un rincón de los palcos.

Cerca del ambigú, Magdalena sugirió a Honorio que se tomaran un refresco.

—Venga, le convido.

Apoyado en la barra, Honorio observó el trasiego de público, gente mayor sobre todo, amas de casa con maridos jubilados, personal de poco gastar que, precisamente por ello, se permite con frecuencia ir al cine o al teatro y merendar de cafetería.

Honorio contemplaba particularmente el aire farandulesco de las mujeres. Señoras contenidas en pesados abrigos de gruesos tejidos o asfixiantes pieles naturales o de fantasía. Señoras enderezadas sobre tacones de finas puntas o zapatones de abultada suela. Señoras recargadas de supuestos objetos de distinción, ostentosos pañuelos, broches de barata pedrería, bolsos de cocodrilo, anillos, pulseras y relojes para las ocasiones, cuellos de zorro que parecen abotargar la nuca y la expresión y otros complementos. Señoras que, claramente, a tenor de su gesto altivo, arrastran dominados a sus maridos con caras de infeliz. Señoras de aspecto más incauto literalmente conducidas por hombres que conservan para sí la menor iniciativa. Señoras y señores en igualdad de condiciones, generalmente los más viejos, compartiendo el mismo torpor en el paso y la misma dificultad para quitarse el gabán o subir tres peldaños de escalera. Señoras de peluquería peinadas y pintadas para soportar ventajosamente cualquier comparación. Honorio observaba la entrada del público, al igual que otra gente, participando de esa escondida intención que mueve a ir al teatro para mirar y ser mirado.

La platea estaba llena, y Magdalena, efectivamente, había logrado dos buenas butacas, de pasillo y muy cerca del escenario. Honorio pasó un rato entretenido, aunque no pescara muchos de los equívocos chistes de los números cómicos. Otras veces se sorprendía con las risotadas —particularmente de las mujeres— ante gestos o juegos de palabras que se le antojaban más bien soeces. Magdalena miraba, de vez en cuando, a Honorio de reojo, para ver qué cara ponía, y siempre atrapaba la misma mueca hecha de incredulidad y de un regocijo subterráneo que no acababa de salir a relucir.

Comentando a la salida, a Honorio lo que más le había gustado fue el final de la primera parte, el número de las amazonas, una apoteosis musical con un cierre muy brillante y vistoso. Las coristas iban con capas de colores, unas mínimas falditas a tiras y una cota de malla que dejaba un pecho al desnudo. Las capas, rojas y blancas. Lo demás, de púrpura y oro.

Saltaron al escenario descolgándose de lianas floridas. Evolucionaron por la pasarela, cantando y bailando una pegadiza letrilla que la orquesta, desde el foso amarillento, subrayaba con enérgicos compases.

> Las amazonas,
> las amazonas,
> somos guerreras
> muy belicosas.
> Con nuestra espada
> cortamos cabezas,

con nuestras flechas
herimos el corazón.
Nuestra hermosura
es peligrosa,
nuestra arrogancia
siembra el terror.
Las amazonas,
las amazonas,
somos guerreras
del amoooor.

Al terminar la canción, todas alineadas de cara al público en la pasarela, tomaron los arcos que llevaban sujetos y extrajeron de su carcaj flechas que lanzaron al patio de butacas. Y las flechas eran flores de plástico, y las chicas gritaron «uuuuh», simulando el silbido del dardo al rasgar el aire.

Entonces la orquesta volvió al estribillo musical, y cayó desde arriba un montón de trapecios, y las amazonas se subieron a ellos y fueron ascendiendo lentamente mientras se quitaban los cascos y dejaban libres sus largas melenas, desapareciendo entre una lluvia de muchísimas flechas según el telón iba bajando.

—Se tienen que enfriar. Vestidas así, se tienen que enfriar —comentó Honorio en la calle.

Cuando se despedían, el zapatero, que había estado muy silencioso en el trayecto de vuelta, le dijo a Magdalena.

—Usted es una de esas amazonas, una guerrera del amor, pero conmigo no podrá. Yo soy un jenízaro de Dios.

Y le dio las gracias por la invitación.

«Camas Maruja»

Mercería Margot, así se llamaba la tienda. Honorio llegó con la puntualidad acostumbrada, a la hora convenida. Era una tienda pequeñita, con un escaparate mínimo repleto de medias de colores, pañuelitos, hilos variados, madejas de lana, agujas de hacer labor, botones, alfileres y, en menor cantidad, artículos de lencería fina, bragas, fajas y sostenes.

María Lourdes, tras el mostrador, tenía una apariencia insignificante. Era una mujer menuda, alimonada y un poco ojerosa. Vestía falda de tubo marrón oscuro, una blusa de seda natural color crudo, con cuello de lazo, y una rebeca color tostado hecha a ganchillo. Cuando Honorio empujó la puerta, María Lourdes estaba de pie, como a la expectativa, con una mano sobre el mostrador y la otra en la boca hurgando entre los dientes. En un rinconcillo, una chica sentada junto a una mesa camilla cogía puntos a unas medias bajo la luz de un flexo. María Lourdes le dijo que se fuera antes de que Honorio hubiera tenido tiempo de presentarse.

—Con que somos colegas del comercio ¿eh? —dijo María Lourdes tendiendo su mano al zapatero—. Usted debe ser Honorio, ¿no?

—Sí, señorita, Honorio Sigüenza, para lo que usted guste mandar.

—Pues yo soy María Lourdes, y ésta —dijo extendiendo los brazos—, mi pequeña industria, Mercería Margot.

—Eso suena a extranjero.

—Claro, naturalmente. Mi madre, la pobre, le puso a la tienda un nombre francés, porque es que la moda siempre ha venido de Francia. En mi género, todo lo *chic* es francés. Su comercio seguro que es más grande, ¿no?

Honorio, por cortesía, echó un vistazo a la tienda, como calculando.

—El local es más amplio, sí —contestó Honorio sin querer darse mayor pisto.

María Lourdes sugirió que se sentaran un rato donde la mesa camilla.

—Aquí solía estar mi madre, la pobre, cuando aún estaba bien. Yo, allí, atendiendo, y ella, aquí, sentadita, hablando con las chicas que me vienen a coser o con las clientas de toda la vida. Pero hace ya un par de años que se puso muy mal, que no oía ni veía bien, y ya, nada, ella, en casa, y yo, aquí. Lo que yo he pasado, Honorio, lo que yo he pasado no lo sabe nadie. He estado esclava, haciendo de criada, de enfermera, de cocinera, me ha tocado de todo, pero, claro, ¿qué vas a hacer?, es tu madre, ¿no?, la pobre.

—¿Y tenía muchos años? —preguntó Honorio por preguntar.

—Setenta para setenta y uno, que tampoco es mucha edad, pero... así ha resultado.

María Lourdes era una mujer todavía joven, de poco más de cuarenta años, pero sus ademanes y sus palabras delataban a una persona prematuramente envejecida, con una mentalidad de señora mayor en lucha con impulsos juveniles sin desarrollar y oxidados por el desuso.

—Y ahora ¿qué piensa hacer usted? —Honorio quería hacerse una composición de lugar.

—Ah, pues ahora creo que ha llegado la hora de que mire un poco por mí, ¿no? Ahora, yo, a disfrutar.

Y puso en el tono todo un envite a placeres y diversiones insospechadas.

—Usted estará soltera, porque usted está soltera, ¿verdad? —María Lourdes asintió—, usted estará soltera porque ha querido, que no le habrán faltado pretendientes a usted...

María Lourdes soltó una risita maliciosa.

—Huy, qué alicantino. Me parece que es usted un alicantino —dijo María Lourdes con el zascandil tonillo de la mujer que juega a protestar por ser cortejada—. Tuve pretendientes a montones, cuando estaba en la edad, pero no me decidía por ninguno y, claro, ya sabe usted, infantería pasa y caballería no llega. Luego, con mi madre viuda y yo, hija única, ya me dirá usted, que si la tienda, que si cuidar de mi madre, la pobre, pues se me pasó el asado. ¡Ni tiempo he tenido yo para pensar en hombres! Pero, en fin, como suele decirse, nunca es tarde si la dicha es buena, ¿no le parece? Por eso puse el anuncio.

—Ah, el anuncio, ya.

—Claro.

María Lourdes se recobró, de improviso, como de un olvido.

—Y usted, si no ha visto el anuncio, ¿cómo es que me ha llamado? —María Lourdes estaba vivamente intrigada.

—Verá, yo, por la prensa, tenía conocimientos del óbito de su madre, que en paz descanse...

—... la pobre.

—... y yo tengo por costumbre, o sea, creo que debo, por principio, ofrecerme en estos casos para remediar en lo posible la situación —Honorio no terminaba de expresarse con claridad—, o sea, ofrecerme para lo que sea menester, es decir, usted dirá.

—A ver si nos entendemos. ¿Usted busca relaciones?

—Yo, lo que haga falta.

—¿No querrá usted casarse por un casual? —preguntó María Lourdes negando con la cabeza.

—No, no, no —Honorio contestó con rapidez—, casarme no.

—Es que yo tampoco. ¿Para qué iba yo a querer casarme a estas alturas? Ni hablar. Yo, ahora, lo que quiero es disfrutar, disfrutar de la vida. ¿Qué mal me mata? Con piso propio, con un pequeño establecimiento, estoy como quiero.

—Y tanto —reconoció Honorio.

—Mire, yo, le voy a ser muy franca, como a mí me gusta ser, yo lo que quiero, en resumidas cuentas, es quitarme el virgo, quitarme el virgo que me tiene aburrida y consumida a más no poder.

Honorio se alegró, tenía ante sí una causa que debía abordar sin demora y con todo el cariño y esmero que requiere siempre la conquista de la felicidad, de la felicidad en minúscula, pues no está al alcance de la voluntad humana la felicidad completa.

—Si usted quiere —dijo Honorio—, podemos ir ahora mismo a mi casa.

—Ay, por Dios —María Lourdes se llevó la mano derecha al pecho—, que me da apuro, no sea usted tan lanzado, así, de repente, a casa de un hombre, no sé yo...

—Si lo prefiere, podemos ir a la suya, que estará más cómoda.

—Ay, no, me da no sé qué, con mi madre, la pobre, casi de cuerpo presente como quien dice.

Honorio reflexionó unos instantes.

—Si usted quiere, yo conozco un sitio de toda confianza, una pensión muy arreglada, propiedad de una señora muy recta, que no admite a cualquiera.

—¿Ahora? —preguntó María Lourdes.

—Mujer, estas cosas, cuanto antes mejor.

—Diga usted que sí —dijo María Lourdes poniéndose en pie con el impulso que da una decisión resueltamente tomada.

La pensión tenía un luminoso, encendido a esas horas ya, que decía: CAMAS MARUJA. Estaba en el comienzo del barrio del Pinar, nada más pasar el puente sobre el ferrocarril. Honorio y María Lourdes fueron andando, uniéndose al final al flujo de personas y vehículos que se adentraban de regreso del trabajo y las compras en la muy poblada barriada obrera, una de las más antiguas de la ciudad.

Al cruzar el puente se notaba un olor mineral, un tufo ferruginoso que subía del laberinto de las vías, de los escapes de las locomotoras, de la herrumbre de los vagones de mercancías, de las chimeneas de las industrias que flanqueaban el cauce de entrada de la Estación del Norte, de los desechos de desperdicios que tapizaban los terraplenes que separaban las casas de la linde del tren.

Al otro lado del puente, junto a la última farola, la fetidez se atemperaba con el aroma de un puesto de castañas asadas. Una vieja, rebozada en bufandas y mandiles, vendía cucuruchos a veinticinco pesetas la docena.

Honorio golpeó tres veces en la puerta con una aldaba reluciente, bien dorada con vinagre y ceniza.

—Así Maruja sabe que llama alguien de casa. El timbre queda para los forasteros —le explicó a María Lourdes.

Se oyeron unos pasos, se escuchó el ruido de un cerrojo descorrido con dos vueltas y abrió una criada con el pelo recogido en cola de caballo.

—Dígale a la señora Maruja que ha venido Honorio.

La muchacha se retiró. El vestíbulo, muy iluminado, tenía un aire inesperadamente sureño, con el suelo de azulejo granate, butacones de mimbre y diversas plantas de interior arrimadas a la frescura de la cerámica de las paredes.

La señora Maruja venía dando voces.

—Truhán, más que truhán, que es usted un truhán, tanto tiempo sin respirar por aquí, con el apego que yo le tengo.

La patrona dio dos besos a Honorio, besos de pariente cercano, besos que da una simpática tía carnal.

—Maruja, le presento a la señorita María Lourdes.

—¿Cómo estás, tesoro? —le dio otros dos besos—. Me dejas que te llame de tú, ¿verdad?, tan joven. ¿Y tú qué eres: viuda, casada, soltera...? Viuda no pareces, tan joven...

—La señorita es soltera —dijo Honorio como por supuesto.

—Huy, qué tonta, estoy boba, la señorita es señorita, claro, —dijo la señora Maruja dándose un manotazo en la frente.

—Y huérfana —dijo María Lourdes suspirando.

—A la señorita se le ha muerto la madre recientemente —aclaró Honorio.

—¡Qué lástima!, ¡cuánto lo siento! ¡Menudas Navidades habrás pasado! —se lamentó la señora Maruja.

—Pues ya se puede usted imaginar, de a metro —se dolió María Lourdes.

—¿Sabes lo que te digo? Hay que sobreponerse, hay que volver a vivir, hay que ponerse el mundo por montera. Aquí me tienes a mí, que me quedé viuda con siete hijos a los veintiocho años, y aquí estoy tan campante. ¡Hay que vivir!

—A ver si no —dijo María Lourdes con resignación.

—¿Quieren tomar alguna cosita? —ofreció la señora Maruja—. Tengo chocolate hecho.

Honorio interrogó a María Lourdes con la mirada.

—No, muchas gracias, preferimos pasar ya a la habitación.

—Ah, pues como ustedes quieran. Les voy a dar la siete, que la he tenido todo el día con estufa y está muy caldeadita.

Siguieron por un pasillo, y la señora Maruja abrió la puerta de un cuarto con una cama de matrimonio.

—Tienen colchas en el armario por si acaso —dijo la patrona mientras bajaba la persiana y descubría la cama—. El lavabo queda justo enfrente, y ahora mismo les voy a traer unas toallas limpias. ¿De verdad que no quieren tomar nada?, ¿un cafetito?, ¿una copita de algo?

—No, gracias —dijo María Lourdes—, si es caso un vaso de agua.

—Faltaría más.

La señora Maruja salió y en seguida volvió con dos toallas blancas y una bandeja con una frasca de agua y dos vasos.

—Cualquier cosa que se les ocurra, no tienen más que llamarme.

Cuando la mujer se fue, Honorio y María Lourdes se sentaron de espaldas a ambos lados de la cama. La mercera comenzó a desvestirse sin prisas y, de pronto, aceleró el ritmo y se metió rápidamente en el lecho completamente desnuda. Se tendió boca abajo, sin taparse más que las piernas, y Honorio, al volverse, acarició su magro culo, su espalda blanquecina, sus hombros estrechos y, con un dedo, silueteó sus pequeños pechos aplastados contra el colchón.

—Tengo leído en un libro —dijo María Lourdes— que, la primera vez, hay que hacerlo así.

Honorio, recostado a su lado, separó las piernecillas de María Lourdes y hundió su mano derecha bajo el cuerpo de la mujer buscando su clítoris con la yema de los dedos y masajeando con rutina, de dentro hacia afuera, su vulva. A veces seguía el surco del ano y, entonces, María Lourdes se revolvía un poquito entre quejas placenteras.

Al cabo de un rato, después de haber multiplicado besos y caricias, con los dedos ya mojados por un par de masturbaciones tranquilas, Honorio se tumbó sobre María Lourdes y la penetró desde atrás. Los dos cuerpos se movieron sosamente coincidiendo con el lento traqueteo de un expreso que abandonaba la estación.

—Menudo mochuelo me he quitado de encima —dijo María Lourdes arrebujada bajo las sábanas entre los brazos calientes de Honorio.

—¿Le he hecho daño?

—Apenas.

—¿Y le ha dado gusto?

—Las caricias.

—Tengo sed —dijo Honorio.

María Lourdes se incorporó hasta alcanzar la frasca que Maruja había dejado en su mesilla. Entonces tomó también uno de sus zapatos y echó el agua en su interior. Honorio bebió.

María Lourdes dijo:

—¡Como en las películas!

Y tomó el zapato y volvió a verter agua en él.

—Año nuevo, vida nueva —dijo haciendo el gesto de un brindis.

Y entonces derramó un poco de agua sobre su vientre, y le dio frío.

Un día muy especial

Se solía encontrar bien, Honorio, de par de mañana, en la iglesia de San Miguel, con el templo casi vacío, como a estrenar, apenas pisado por los primeros devotos que acudían, en reducida cantidad, a las misas más tempraneras.

De entrada, le agradaba escuchar, desde la calle, las primeras llamadas de las campanas, cuando su música no queda todavía tapada por el ruido de la ciudad. El pensaba que sólo se puede vivir en un lugar donde se escuche el sonido de las campanas de las iglesias. Ese es un lugar que, por permitir que se escuche la voz del cielo, está calculado a la escala humana, mucho más que esos otros donde dominan las bocinas de los automóviles o el ulular constante de las sirenas policiales.

Procuraba llegar al término de la misa de ocho, cuando los fieles ya se retiraban de la capilla de la Virgen de los Remedios. El altar mayor se reservaba, como en todas las iglesias, para las celebraciones más concurridas, las del mediodía y la principal de la tarde.

Tomaba agua de la benditera y se persignaba humedeciéndose la frente para sentir durante un rato el frescor del líquido sagrado que despejaba su mente y avivaba su fervor.

El olor del templo le gustaba a todas horas, pero le seducía particularmente por la mañana, cuando percibía la sequedad del aire largamente cerrado después de toda la noche, el aroma de la madera descolorida y de las piedras frías impregnadas del humillo de las primeras velas encendidas.

Se iba hacia la capilla de la Virgen, oyendo el crujir de las tablas bajo sus pies, y siempre pensaba en no turbar el descanso de enterrados que, al parecer, yacían, bajo el suelo, en tumbas señaladas con números ya casi borrados del todo.

En su banco de la capilla se distraía, a veces, con las silenciosas idas y venidas del sacristán, que reponía el agua y el vino en las vinajeras, y volvía a colocar el atril y el misal en su sitio para la misa siguiente.

También se disipaba un poco con el deambular de beatas y santeras que, por propio gusto y voluntad, cambiaban el agua o las flores que ornaban el altar, o traían flores nuevas, o retiraban los manteles y el velo del sagrario para sustituirlos por otros recién lavados y planchados que extendían y alisaban con sus manos temblorosas, venga a hacer dificultosas genuflexiones cada vez que pasaban por delante del tabernáculo donde, dentro de un copón, estaba el cuerpo del Señor en su encierro de bronce dorado.

En la mañana de aquel día, estaba especialmente satisfecho. Su contribución al feliz arreglo del caso de María Lourdes le había reportado gran optimismo. Se sentía repuesto, en forma, como en los mejores tiempos. Se sentía, otra vez, útil, seguro del provecho que procuraba con su amoroso comportamiento. Tenía, por ello, auténticas ganas de contarle a la Virgen todo cuanto había sucedido con María Lourdes.

Le estaba hablando a la Señora del gozo que la mercera había experimentado con la pérdida de su doncellez, de cómo el desfloramiento había sido natural y apacible, envuelto en ternezas y comedimiento, le estaba pidiendo a la Virgen que María Lourdes encontrara pronto a un hombre bueno y atento, cariñoso y solícito, que avivara las brasas de su juventud todavía incandescente pese a tantos años de clausura de los sentimientos y de las sensaciones.

Estaba en ello, cuando su monólogo se interrumpió bruscamente. El río interior de palabras había topado con un inexplicable muro de contención. Honorio se encontraba ante algún obstáculo insalvable cuya naturaleza no conseguía determinar. Era una sequedad, una aridez del alma. Era un viento huracanado que le impedía seguir adelante.

Honorio tuvo frío en los pies, la lengua se le puso pastosa y, en las palmas de las manos, vio brillar una leve sudoración. Del aturdimiento inmovilizante pasó a una ansiedad palpitante, a un nerviosismo incomprensible que se mezcló con los borbotones de una revelación.

La Virgen era virgen.

Lo que fue, en primera instancia, un destello de clarividencia se transformó en unos segundos en un estado de enérgica lucidez. Honorio quedó embargado, a continuación, por un lacerante sentimiento de culpabilidad. ¿Cómo era posible que no hubiera caído en la cuenta hasta ahora? ¿Cómo era posible que hubiera compartido tantas horas con la Señora sin tropezar con aquel descubrimiento que ahora juzgaba como un dogma de insultante veracidad?

Honorio se azoró extraordinariamente. Tuvo vergüenza de sí mismo, de su ofuscación de tanto tiempo, de su terrible limitación de miras. ¿Qué habría pensado la Señora, durante todos estos años, cuando él le traía tantas noticias jubilosas sin percatarse jamás de las circunstancias de su interlocutora?

El, que había tenido ojos y afanes para tantas y tantas mujeres, había sido incapaz de ir más allá de la ciega contemplación del brazo extendido de la Virgen, de su rostro melancólico que tantas veces le había interrogado desde la solitaria lejanía de aquel altar.

Pero Honorio no llegó a desmoronarse del todo. Se sobrepuso con la ayuda de otra revelación. Nada estaba irremisiblemente perdido. No era aquélla una fatalidad del destino que no pudiera remediarse. Tenía un plan. Demostraría a la Virgen que, aunque muy tarde, por fin había roto verdaderamente las cadenas de su corazón para la más grande entrega.

Cuando levantó la vista, que mantenía humillada contra el suelo, Honorio creyó ver en el rostro de la Virgen la sonrisa deseada. Y fue feliz como nunca lo había sido.

Corrió a la tienda para dar aviso a Venancio, temeroso de que su ayudante hubiera podido salir de casa. Por suerte le encontró y le hizo ir rápidamente al comercio. Allí le explicó que le habían surgido unos asuntos que le impedían atender el negocio durante todo el día. Venancio se quedó al cargo.

Honorio salió a la calle atosigado por la cantidad de cosas para hacer que se acumulaban en su cabeza. Quería prepararse lo mejor posible para tan alta ocasión. Se veía sucio, viejo, impresentable.

Buscó primero una floristería. Ordenó enviar cuatro docenas de rosas blancas a la iglesia de San Miguel, para la capilla de la Virgen de los Remedios. Rogó encarecidamente a la dependienta que eligiera las flores más grandes y hermosas, las rosas de pétalos más anchos y abiertos, las de tallo más fibroso. En la tarjeta puso: «Con todo mi cariño. Un admirador».

Sobre la marcha decidió ir a la barbería para arreglarse bien el pelo y hacerse un buen afeitado. Sentado en una butaca, mientras el peluquero le cortaba, se observó en el espejo y se encontró muchos defectos. Si bien miraba, tenía muchas más canas de las que creía y su frente presentaba ya muchas arrugas. En torno a los ojos, la piel era muy fina y formaba ostensibles bolsas. Se sintió avejentado, con una nariz demasiado grande, con unas orejas demasido largas y reparó en que, pese a no estar gordo, tenía una discreta papada.

El peluquero consideró que su afeitado era bueno, pero Honorio le pidió que le diera un repaso, que apurara al máximo por todo y que le marcara bien las patillas. Luego aceptó lociones y colonias.

Esquivó todo contacto con sus amistades. Evitó a Gregorio llegando a casa por la acera de enfrente y cruzó el portal como una exhalación para no toparse con la portera.

Se pasó el día revolviendo en armarios y cajones, eligiendo y probando trajes, camisas y corbatas. Escogió unos zapatos negros, de cordones, que guardaba para estrenar, y unos calcetines grises, de buen algodón, que no tenían ningún tomate ni zurcidos y cuyas gomas, en buen estado, se ceñían bien a sus pantorrillas.

A la hora de seleccionar un traje, y después de darle muchas vueltas, optó por un príncipe de Gales, muy anticuado de hechuras, pero en perfecto estado pues sólo se lo ponía de Pascuas a Ramos, uno de esos trajes que se hacen para alguna importante celebración y que, luego, por no estropearlo, apenas si se usan y están siempre como el primer día.

A ese traje lo que más le iba era una camisa color perla. Necesitaba una planchada, y Honorio decidió llamar a doña Sabina porque estaba muy nervioso y tenía miedo de hacer algún chandrío, quemarla o algo por el estilo. La portera subió, la planchó y, al ver el traje encima de la cama de Honorio, le preguntó qué tejemaneje se traía en casa, a esa hora, y sacando a relucir ese vestuario de diputado. Honorio le dio las gracias casi con cajas destempladas y le prometió futuras aclaraciones.

Honorio se preparó un buen baño de agua caliente. Le pareció más adecuado para el caso que una simple ducha. Sacó un jabón suave, aromático, y se restregó bien todo el cuerpo con un trozo de lufa que previamente había cortado con unas tijeras. Luego se arregló las uñas de las manos y de los pies, y se frotó las durezas de las plantas con piedra pómez.

El estómago le hacía gorgoritos, pero no sentía ganas de probar bocado. Se pasó media tarde yendo del comedor al dormitorio, dudando de si vestirse ya o esperar al último momento. Por fin, se acicaló convenientemente, pero aún era pronto. Se sentó en una silla. Consultaba el reloj cada cinco minutos. Mirando por la ventana, se le fue la tarde. Anocheció y vio salir la luna llena. Entonces se fue para la iglesia.

Cuando entró en el templo, Honorio se topó, junto a un altarcillo lateral, dedicado al Niño Jesús de Praga, a un viejo conocido, que daba vueltas en círculo, como alelado, musitando avemarías. El hombre le hizo un torpe saludo con una mano, y Honorio sintió lástima de él.

Una mujeruca, con mantilla negra, rezaba de pie frente al altar mayor, con las manos sujetando el regazo, y un cura encorvado apagaba la bombilla de su confesionario y se retiraba hacia la sacristía. Por lo demás, la iglesia, a simple vista, estaba desierta.

Honorio se precipitó hacia la capilla de la Virgen de los Remedios. Quería comprobar si las flores que había enviado embellecían el tabernáculo. Y, efectivamente, allí estaban, en plateadas ánforas, formando, entre candelabros, una luminosa alfombra a los pies de la Señora.

Para impedir que el sacristán advirtiera su presencia en el momento de cerrar el templo, Honorio se retiró por las sombras de una nave lateral hacia el coro. La portezuela de acceso estaba abierta. Honorio subió hasta arriba y, después de cerciorarse de que no había nadie, descendió hasta la mitad de la escalera y se sentó en un peldaño. Desde allí oiría a cualquiera que fuera a cerrar la puerta y podría bajar rápidamente para no quedar atrapado.

Durante casi una hora, permaneció allí agazapado e inmóvil, escuchando pasos de vez en cuando y ruidos de bancos. Luego, el silencio fue absoluto y la escasa luz que se colaba por la portezuela dejó de llegar.

Honorio esperó aún algunos minutos hasta descender. La oscuridad era casi total, sólo mitigada por la luz que se filtraba de los rosetones de la portada y del crucero y de las vidrieras del ábside.

Cuando llegó a la capilla, Honorio dio al interruptor que hacía iluminar el interior del templete donde se encontraba la Virgen. Los colores carmesí y añil de la túnica de la Señora cobraron entonces una intensidad desconocida al contrastar con la negrura que la rodeaba.

El zapatero se fue acercando al altar, maravillado por la refulgencia inusual del rostro y las manos de la Virgen. Escrutó emocionado su rostro que aparecía casi desdibujado por la potencia de la luz y comenzó a trepar por el ara, apoyando los pies en uno de los medallones del frontal.

De pie ya en la mesa del altar, Honorio contemplaba hipnotizado la figura de la Virgen, cuya belleza, desde tan cerca, le parecía más graciosa que nunca, y sus piernas temblaron cuando su vista se fijó en las manos tan próximas de la Señora, cuyos dedos finos y estilizados estaba a punto de tocar.

Honorio consiguió poner una rodilla en el techado del sagrario y, al incorporarse, desplazó con sus pies uno de los candelabros, que se derrumbó sobre el altar. La vela se desencajó, rodó por la mesa y se partió en dos contra el suelo.

En ese momento, Honorio, que había seguido con la mirada el lento rodar del cirio en el mantel del altar, perdió el equilibrio. Trató de agarrarse a una de las columnas de jaspe del templete, pero no pudo sostenerse y cayó de espaldas golpeándose, primero, en la espalda contra el borde del altar y, después, con la cabeza contra el mármol del piso.

Y quedó tendido, quieto, muerto.

Instantes después, la Virgen se ponía en movimiento. Los seis ángeles que circuían el coronamiento del templete se desplazaron desde sus pilastras y formaron con sus brazos una escala por donde descendió la Señora.

Y nadie vio cómo la Virgen se arrodillaba junto al cuerpo inerte de Honorio y lo tomaba sobre su regazo, y reclinaba su cabeza contra su hombro, y, con su velo blanco, secaba el hilo de sangre que serpenteaba por su cuello.

Y nadie oyó cómo la Virgen, con la voz estremecida por las lágrimas, decía:

—Pobrecito, pobrecito mío. Pobrecito, pobrecito mío. Pobrecito...

La sonrisa vertical

1. La insólita y gloriosa hazaña del Cipote de Archidona
Edición de Camilo José Cela

2. Memorias de una cantante alemana
Wilhelmine Shroeder-Devrient

3. La imagen
Jean de Berg

4. Gamiani
Alfred de Musset

5. Grushenka
Anónimo

6. A los pies de Omphalos
Henri Raynal

7. Las tres hijas de su madre
Pierre Louÿs

8. Mi vida secreta I
Anónimo

9. Mi vida secreta II
Anónimo

10. Historia del ojo
Georges Bataille

11. Diálogos de cortesanas seguido de Manual de urbanidad para jovencitas
Pierre Louÿs

12. El inglés descrito en un castillo cerrado
A. P. de Mandiargues

13. La educación sentimental de la señorita Sonia
Susana Constante

14. Diario de burdel
Josep Lluís Seguí

14. Diari de bordell (edición catalana)
Josep Lluís Seguí

15. Señorita Tacones Altos
Anónimo

16. Irene
Albert de Routisie

17. Venus en India
Charles Devereaux

18. La pequeña María
Sylvain Saulnier

19. Mi madre
Georges Bataille

20. Los amores prohibidos
Leopoldo Azancot

21. Diez manzanitas tiene el manzano
«Ofèlia Dracs»

21. Deu pometes té el pomer (edición catalana)
«Ofèlia Dracs»

22. Mater amantissima
José Jara

23. Cruel Zelanda
Anónimo

24. Amor burgués
Vicente Muñoz Puelles

25. Madame Edwarda seguido de El muerto
Georges Bataille

26. Anacaona
Vicente Muñoz Puelles

27/1. Mi vida y mis amores I
Frank Harris

27/2. Mi vida y mis amores II
Frank Harris

27/3. Mi vida y mis amores III
Frank Harris

27/4. Mi vida y mis amores IV
Frank Harris

28. La bestia rosa
Francisco Umbral

29. Fritzcollage
Pedro Sempere

30. Nueve semanas y media
Elizabeth McNeill

31. Amor & Tarot
Esteban López

32. Ella o el sueño de nadie
Mauricio Wacquez

33. Beacul
S. G. Clo'zen (seudónimo)

34. El hombre sentado en el pasillo
Marguerite Duras

35. Historia de O
Pauline Réage

36. Duende nocturno
Arnauld Delacompté

37. Tres días/Tres noches
Pablo Casado

38. Opus pistorum
Henry Miller

39. Cuentos inenarrables
Aldo Coca

40. El mal de la muerte
Marguerite Duras

41. El último goliardo
Antonio Gómez Rufo

42. Emmanuelle
Emmanuelle Arsan

43. Las cartas de Saguia-el-Hamra, Tánger
Vicente García Cervera

44. El azul del cielo
Georges Bataille

45. El matarife
Rafael Arjona

46. Sor Monika
E.T.A. Hoffmann

47. Ligeros libertinajes sabáticos
Mercedes Abad

48. La nina russa (edición catalana)
Anna Arumí i Bracons

49. El pecador impecable
Manuel Hidalgo

50. Diario de un gran amador
Alberto Lattuada

51. Retorno a Roissy
Pauline Réage

52. Ceremonia de mujeres
Jeanne de Berg

53. El vaixell de les vagines voraginoses
Josep Bras

53. El bajel de las vaginas voraginosas
Josep Bras

54. Siete contra Georgia
Eduardo Mendicutti

55. El hábito del amor
Anne Cumming

56. Memorias de Dolly Morton
Denzil Romero

57. La esposa del Dr. Thorne
Denzil Romero

58. Elogio de la madrastra
Mario Vargas Llosa

59. La filosofía en el tocador
Marqués de Sade

60. El coño de Irene; seguido de El instante
y Las aventuras de Don Juan Lapolla Tiesa
Louis Aragon

61. Las edades de Lulú
Almudena Grandes

62. Las amistades peligrosas
Pierre Choderlos de Laclos